次第花開

與佛法結緣是今生最美的際遇，
從輪迴中解脫就是人生最終的目標。

希阿榮博堪布 著

我常在傍晚時分，順山間小徑轉繞。時有虔誠的牧民等在路邊獻上燦爛笑容和問候，又聽見不知何處有轉山者在歡快地歌唱。

寧靜山嶺上，圓圓太陽白白的月亮，升起落下。日復一日。歲月靜好，天地空闊。願遠方弟子皆同此安樂！

雪山空谷　暮更沉寂　猶聞轉山者歌聲
朗朗月色　寂靜瑪尼　愈思前賢過往事
普願眾生　同我心願　能於諸法善思維
希求作爲　可憐自縛　生死牢獄無出期
傷人至深　莫若言語　護口如捧滾油行
苦惱生涯　五毒刀箭　以智悲心化花雨
勿擾眾生　道心永固　經者教言　莫違亦莫忘
拳拳我心　願眾歡喜　千里遙寄　吉祥祝福音

希阿榮博
於農曆戊子火鼠年除夕

獻給我的根本上師

法王如意寶晉美彭措

希阿榮博堪布

目次

第三部 走出修行的誤區 158

追求覺悟的過程，就像在一個無邊無際的迷宮裡突圍，沒有佛法的指引，我們永遠都將被困在裡面，原地打轉。

第四部 冬日札記 251

二〇〇九年初，希阿榮博堪布在家鄉的扎西持林閉關中心寫下多篇隨感，或睹物思人，或暢談佛法人生，素樸平實的語言背後是堪布一貫的清亮、通達。

第五部 生命的依怙

眞正化解痛苦與危機的方法就是斷除損害衆生的惡業，行持自利利他的善業。作爲佛弟子，不論能力大小，都可以做利益有情的事業，這其中最直接的方式就是放生。

推薦序

第一次聽到法王如意寶晉美彭措的尊號是在二十多年前，當時貝諾法王說：「這是我眞實的上師。」我們這些台灣弟子視貝諾法王如蓮師，他這樣一位德行具備的上師，以極虔誠的口吻向我們鄭重介紹如意寶法王晉美彭措，說：「藏地有晉美彭措法王，法教必不衰退。」

多年後這個預言應驗了，很多當年在五明佛學院學習修行的堪布們，到了二十一世紀成爲各個寺廟的重要老師。在法王如意寶的幾位珍貴的心子中，台灣弟子對希阿榮博堪仁波切可能是比較陌生的。

在我尚未有緣見到希阿榮博堪仁波切以前，已從他的幾位弟子口中聽聞到許多有關他的奇妙事業；當然，不同的弟子總能說出不同的印象，但所流露出的敬仰與摯愛已足以說明希阿榮博堪仁波切的攝受能力。我第一次見到堪仁波切就被他率直純眞的笑聲所打動，而印象最深刻的就是他那無造作的謙虛。在與堪仁波切短短相處的兩小時裡，經常讓我不自覺的想起晉美彭措如意寶法王，也因而感受到法脈傳承的力量。

《次第花開》是希阿榮博堪仁波切將多年發表過的文章及開示結集成冊，有系統地將佛陀法教以深入淺出的方式開展出來；最令人動容的就是堪仁波切以自身的經驗及修行，將深奧的佛法善巧的融入日常生活中，通篇所流露出的慈悲、智慧及幽默讓人忍不住一讀再讀。

在目前這樣一個資訊充斥，知識看似隨處可得的年代，許多人對真假與好壞的分辨越發感到茫然，能尋到一位良師、讀到一本好書，都需具備福德資糧。《次第花開》是能引導眾生邁向正道的書，願一切眾生能從書中找到解脫之鑰。

丁乃竺

臺灣及華人地區最著名的劇場製作人之一，佛法翻譯

前言

這本書，其實早在它成書之前，就已經以不同的形式和文本在許多人手中流傳。近幾年來，菩提洲網站陸續刊登了我的一些文章，有感懷昔人舊事的故事，有反映佛法修行中個人的觀察和體會，也有與弟子和道友們的談話記錄等等。零零散散，不成系統。

沒想到，文章發表後受到不少讀者的歡迎。他們紛紛表示，希望能將這些文章結集成書，以便閱讀和攜帶。無奈我這一年多來疾病不斷，又要處理繁雜的事務，出書之事一拖再拖。有些人實在等不及了，便自己把喜愛的文章列印出來，裝訂成冊，配上封面和插頁，贈給親朋好友。今年年初，又有弟子再次提出結集之事，希望我能應允。我想，既然那麼多人喜歡這些文章，又有人願意將它們編輯、整理、印刷成書，似乎萬事俱備，我也就欣然同意了。

本來，登地以上的菩薩、親見本尊或者精通經論的修行人才有資格著書立說、闡釋佛法。而我只是一介凡夫，之所以把自己點滴的學佛經歷和感受整理成文字，是爲了與更多佛弟子、對佛法感興趣者、或對精神修持感興趣者分享與交流，這或許對一些人消除思想及修行過程中的某些困惑，能有所幫助。由於我個人的侷限，文章中對佛法的詮釋和引申難免出錯漏，在此我祈求諸佛菩薩的寬宥，也請諸位讀者看在我眞誠菩提心的份上，勿多怪咎。

從最初的設想到最終的成書，這個過程中有許多人貢獻出智慧、信心和努力，雖然這些弟子不希望我公開他們的名字，我還是要在這裡再次表達我深深的謝意。感謝幫助我翻譯、整理、校對文字的道友，沒有他們，我的很多想法無法以如此流暢優美的中文表達出來。我還記得曾經無數次我們一起查閱藏漢字典，爲了一個字、一句話而反反覆覆地核實、推敲的情景；感謝爲我錄音並把錄音轉換成文字的道友，我知道這項工作極其繁瑣，費心費神；感謝所有爲這本書的成形付出努力的人們。

希望這本書能啓發大家對佛法的興趣和思考，鼓舞大家更喜悅、更自在地生活。

我的根本上師法王如意寶平生最大的心願就是眾生皆往生西方極樂世界，於勝妙蓮池中，次第花開，花開見佛，親睹如來無量光，現前授予菩提記。在法王如意寶的萬德莊嚴面前，我是這樣卑微、惶恐。我把自己全部的信賴和祈禱，連同這一本微不足道的小書，獻給他老人家。

次第花開，花開見佛，這也是我的心願。

希阿榮博

藏曆鐵虎年神變月十日

蓮花生大士節日

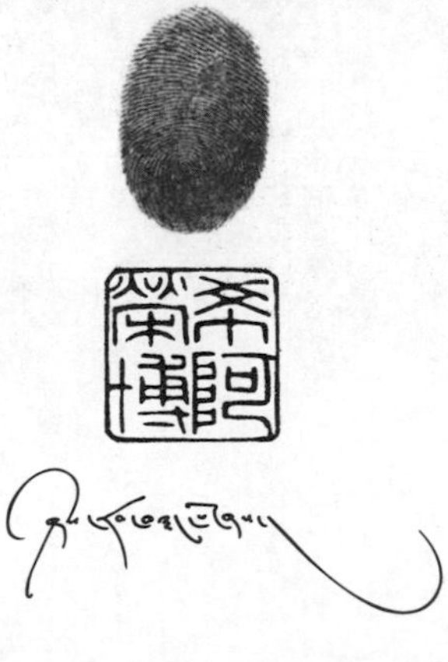

第一部

珍寶人生

人生充滿煩惱，但如果能以煩惱為契機去勘悟世間萬象的本質，從煩惱入手去實現止息煩惱的最終目的，那麼這樣一個充滿煩惱的人生就是我們解脱的最好機緣。

1
珍寶人生

因果一旦成熟，任何行動都無法阻止果報的顯現。如果痛苦、尷尬在所難免，我們最好讓自己有所準備。

導讀

頂禮大恩根本上師法王如意寶！

〈珍寶人生〉，又是一篇談佛法與人生的文章。現在這一類的文章很多，不知道我再寫這一篇又會有多大的幫助，但不管怎樣，我希望它至少不會增添大家的困惑。

有人說這種講道理的文章不能太長，長了，讀者就沒耐心讀完它，而我的文章似乎都比較長，看來的確頗考驗讀者的毅力。我有時也想，要緊的話得趕緊在前面說完，留到後半段再說，大概效果要大打折扣。不幸的是，這次新年教言結果又是長篇大論。很多人堅持讀完了，卻不明白一篇關於疾病的啓示的文章，爲什麼要東拉西扯地說上那麼多。痛苦、無常、無我、因果、菩提心、暇滿難得，大圓滿外前行的主要元素都湊齊了，可是元素與元素之間有什麼關係呢？

我本想把這個問題留給讀者去思考，很顯然大家沒有這個時間，我只好再寫一篇小文介紹〈珍寶人生〉的結構和基本思路，希望有了導讀，大家閱讀時能感到輕鬆一些。

文章從我最近一次生病說起，講到輪迴中痛苦的普遍存在。當年釋迦牟尼佛初轉法輪，首先演說的即是苦諦。痛苦乃輪迴生命的常態。如果對痛苦沒有正確、深入的認識，就不會尋求解脫。這是文章第一部分的內容：苦。

痛苦並非憑空而來。根據佛陀的開示，造成痛苦的根本原因在於我執。要眞正止息痛苦，只能從破除我執入手。所謂我執，是指認爲自身以及外部世界都是無須觀待條件而絕對和常一地存在的。事實上，萬事萬物並不像人們以爲的那樣堅實存在，而是依賴各種內在和外在的條件一刻不停地生滅，因此不具固有性、恆常性，也就是無我和無常。具備無我的見地之後，經過反覆觀修、體認，我執便會逐漸弱化。

與無我相比，無常是更容易理解，也更顯而易見的。觀察無常能令我們比較快地體驗到無我，所以文章接下來先講無常，再逐漸過渡到無我。無我的涵義遠比無常深廣。釋迦牟尼佛二轉法輪宣講四法印的時候，也是從諸行無常開始，由無常講到諸法無我。

無我指事物不具有絕對的自性，但並不是虛無主義。事物之所以無我，是因爲它隨緣生滅，緣起則生，緣滅則滅，這便是因果。在任何時候、任何情況下，緣起都同時具有兩層涵義：空性和因果。講無我是講空性，講無我也是講因果。鑑於很多人在建立無我的見解時忽略因果的問題，所以我在文章中特別提到從因果的角度理解無我。

以上是文章第二部分闡述的主要內容。

無我是佛教最獨特也是最深奧的見解。能聽聞到無我法門是值得慶幸的，但對眞正尋求解脫的人來說，僅在理論上理解無我還不夠，要徹底解脫痛苦必須證悟無我，所以接下來文章第三部分講到如何在生活中修無我。

同樣的，在生活中修無我也要雙管齊下，既要體認事物的無自性，透過有意識地削弱對自身和外物的貪執來減輕痛苦，又要重視因果。我在文中舉了藏地（注：本書中「藏地」是指西藏、青海、甘肅、四川、雲南等藏族集中居住區）高僧大德們的一些事例，其中特別談到有關涉及三寶之物的因果取捨問題。這裡需要進一步說明的是，如果是僧團共有之物，出家人不得私自取用，也不得私取公物贈與他人或佈施給其他眾生。法會供齋時，僧團的每位成員只能享用自己應得的一份飲食。至於參加法會的在家人是否也能與僧眾一起用餐，這要看爲法會供齋的施主的發心。如果施主供齋的對象是所有參加法會的人，在家人便可以享用法會上供應的飲食；如果施主供齋的對象僅是僧眾，在家人便不能享用法會上供應的飲食。關於因果取捨，我們務必要嚴格依據教證、理證，不可想當然，不可信口開河。

隨著無我的見解和體會不斷深入、鞏固，菩提心便會油然而生。我們終於確信一切都是無我的，這使我們前所未有地感受到自由的滋味，而世界上還有那麼多人、那麼多眾生因爲不知道無我和因果而仍然在枉受痛苦。想到這一點，我們便會情不自禁地要去幫助他們了解緣起性空的道理，好讓他們不再冤枉吃苦頭。這種希望眾生離苦得樂、究竟成佛的發心，就是菩提心。

文章第四部分主要講的是在生活中踏踏實實地修菩提心。根據大乘佛教的教義，菩提心與空性智慧在根本上是無二無別的。實踐當中，樹立無我的見解有助於激發、鞏固菩提心，修菩提心反過來也是體悟空性最便捷有效的途徑。初學者不具備無我的見解也可以先修菩提心，修到一定時候就會悟空性了。

文章到這裡，由痛苦一步步講到智悲雙運，雖然爲了壓縮篇幅，很多問題都僅是點到爲止，卻也算涵蓋了佛法修行的主要次第。如何去修，我們基本上明白了，剩下來就是下工夫眞正去修行。文章最後一部分講暇滿難得，希望大家都能珍惜光陰，善用此人身好好修行。

巴楚仁波切在《普賢上師言教》中仔仔細細列出十八暇滿、暫生緣八無暇、斷緣心八無暇。我知道很多人看《普賢上師言教》時，都是把這一部分跳過去，直接看後面更有趣的章節。可是上師們爲什麼要不厭其煩地講這些看似枯燥瑣碎的內容呢？

因爲我們眞的不知道暇滿人身——這個可以用來修行正法、尋求解脫的人身，有多麼殊勝！我們需要更仔細地去觀察自己以及周圍的人的生活，就像我在文章中說到的那樣，結合實際去體會在這個世界上要具備得人身、業際不顚倒、聞佛法、生正信等等條件何其困難。

同時，文章第五部分也是對前四部分的總結。人生充滿煩惱，但如果能以煩惱爲契機去勘悟世間萬象的本質，從煩惱入手去實現止息煩惱的最終目的，那麼這樣一個充滿煩惱的人生就是我們解脫的最好機緣。反轉無始以來的慣性模式，需要付出極其艱鉅的努力，而世事無常、人身難得易失，所以務必要抓住此生的機會奮力修行。

這便是我寫作〈珍寶人生〉的基本思路，應法慧等弟子的請求，在此做一簡單介紹。

希阿榮博

藏曆鐵虎年一月二十三日

二〇一〇年三月八日

一

自從我病情加重以來，菩提洲網站每天都收到大量來信，詢問我的情況。我內心感激之餘，也暗自慶幸在這歲末年初的時節生這一場病，令遠近許多人發願放生、供燈、持誦經咒，實在是病有所值。

生病本是人生尋常事，這世上沒有人不曾生病，但大多數時候也只是自己忍受病苦的同時連累身邊的人一起擔心操勞，談不上有多少積極的意義。當身處逆境時，不妨有意識地訓練自己以更加現實的態度去面對生活的考驗，看看從逆境中能得到什麼於己有益的東西。很多情況下，疾病會成爲我們培養出離心和菩提心的好機會。

根據佛陀的開示，解脫是從認識痛苦開始的。人在病中，也許能比平常更深刻地認識痛苦。日常生活裡讓人不如意、不開心、傷心、煩惱的因緣是那樣的多，一年三百六十五天，非在愁中即在病中。

但是，人們總是不願意承認這個事實，認爲探討苦的話題是不妥的。遇到問題和麻煩，一般人慣常的反應是盡力逃避或假裝什麼事也沒發生。然而一旦生病了，尤其是大病，就再不能說「一切都很好，沒有問題」，或者「那是以後的事，現在不用擔心」。我們不得不暫停下來想一想，痛苦是怎麼回事，而人生又是怎麼回事。

佛經上把痛苦分爲三大類：苦苦、變苦和行苦。

所謂「苦苦」，就是顯而易見、不折不扣的痛苦，比如身體和精神的創傷，病痛、恐懼、生離死別。人人避之唯恐不及，誰也不會把它們誤認爲是別的東西而想去追求、親近。

「變苦」是指通常被我們理解爲快樂的種種體驗和現象，因其本質爲苦而終將由快樂變成痛苦。比如現代人的很多煩惱和疾病都是由於飲食不當造成的。吃喝是生存必需的條件，好的飲食會令人感到愉悅，但這種愉悅不會隨著飲食量的不斷增加而增大。如果其本質就是快樂的，你吃喝得越多應該越快樂才對。然而，過度飲食讓人感到不舒服，甚至會導致多種疾病，這說明飲食的快樂裡包含著痛苦。

人們的生活方式、自以爲快樂的一些行爲，像長時間使用電腦、看電視、開車、熬夜唱歌跳舞喝酒等等，都會造成疾病。

同樣地，相聚是快樂的，但天下沒有不散的筵席，相聚的快樂裡隱含著分離的痛苦；戀愛是快樂的，而相愛容易相守難，戀愛的快樂裡隱含著爭吵、猜忌、怨恨的痛苦；年輕貌美是快樂的，只是歲月無情催人老，年輕的快樂裡隱含著衰老的痛苦；爲人父母是快樂的，可把那樣嬌小脆弱的生命撫養成人，要付出多少精力。提心吊膽、不寢不食，這其中又有多少辛苦！升職加薪是快樂的，不過壓力和焦慮也隨之而來，辦公室政治升級，各種關係處理起來令人頭疼。個人財富增加後如何保管、保值和分配，都是操不完的心。仔細思量，人們生活中每一項快樂都含帶著日後的痛苦。

較之苦苦、變苦，「行苦」是一種更深刻也更細微的痛苦，是指陷於輪迴的眾生整個存在狀態的無奈和不圓滿。身心受到業力牽制，被種種煩惱束縛。普通人的生命皆是由煩惱中來，到煩惱中去，全然不得自主地流轉，流轉。

具體而言，人間的痛苦又分成八種。無論貧富強弱，所有人都無可避免地要經歷生、老、病、死的痛苦。除此以外，人們還在不同條件、情況下各自感受怨憎會、愛別離、求不得、不欲臨的痛苦。

我們可以透過健身，嚴格遵守合理的作息、飲食規律，避免某些疾病，但想完全不生病卻是不可能的，保養得再好的身體遲早也會出現這樣那樣的問題。生病了，我們就得吃藥，也許不能出門，不能做自己想做的事，不能吃自己想吃的東西；若是大病，我們還要住院，動手術，接受漫長而痛苦的治療，日日夜夜與病痛抗爭，有時候甚至覺得生不如死。

衰老也是無法逃避的痛苦。如果我們夠幸運，沒有夭折，那就不得不面臨衰老的尷尬。頭髮越來越少，皺紋越來越多，明眸皓齒變成老眼昏花和一堆假牙。以前的事情記不住，後來連眼前的人也認不出。在我們最需要別人照顧、幫助的時候，我們衰老的樣子卻是那麼令人反感、憎惡、不願接近，我們只好孤獨地等待死亡。死亡意味著離開自己親愛的人、心愛的東西，拋下珍惜的一切，而我們最終卻期待死亡的降臨，彷彿那是一種解脫，好讓我們不再孤獨。

承認痛苦的普遍性，看似悲觀消極，實則不然。如果你把痛苦純粹當作一種負面經歷，總在想方設法避免它，或者認爲痛苦是一種失敗的表現，要是自己能力足夠，一切都擺得平，就不會有痛苦。如果你這樣想，毫無疑問，當問題、挫折出現時，你會感到分外壓抑、焦慮和不公平。「爲什麼倒楣的總是我」、「憑什麼讓我受這些苦」，你覺得自己是天底下最無辜、最可憐的人。或者你跳起來指責、抱怨，說：「這都怪某某人，如果不是他那樣做，我就不會有這個問題。」

這樣做也許能暫時緩解焦慮和恐懼，卻無法眞正解決問題。某些情況下，逃避反而會加重我們的焦慮和恐懼。缺乏對痛苦的包容和忍耐，令我們脆弱不堪，打擊、挫敗接二連三，生活眞的變得比較慘。反過來，如果我們認爲生活中有痛苦是正常的，人生本來如此，我們就能更好地集中精力處理問題本身，而不是無謂地糾纏在憤憤不平的情緒中。這種情緒只會增加挫敗感和怨氣，卻絲毫不能幫助我們富有建設性地應對生活的難題。

接受痛苦的客觀存在後，我們要進一步了解它。以疾病來說，如果我們有一定的病理常識，就知道如何相應地調整生活習慣，防患於未然或減輕病情。而不是像人們常做的那樣，非要等到病發了才意識到問題的嚴重性，因爲毫無準備而措手不及、甚至悲觀放棄。在疾病與其他的痛苦面前，我們其實完全有可能保持尊嚴和從容。

某些情況下，我們能夠利用自己對痛苦的熟知，透過破壞其形成的條件去阻止某項痛苦生成。然而，我們同時也應該了解：生活中很多局面不是我們所能控制的，也不是事到臨頭能改變的。因果一旦成熟，任何行動都無法阻止果報的顯現。如果痛苦、尷尬在所難免，我們最好讓自己有所準備。這樣做的好處是，雖然該面對的問題還是得面對，該經歷的痛還是得經歷，我們卻不再那樣感到苦，不必再承受額外的恐懼和焦慮。

寂天菩薩曾說：「**問題若有辦法解決，就不必擔心；若沒辦法解決，擔心也沒有用。**」當疾病降臨的時候，我們可以試著運用寂天菩薩的竅訣去應對問題。從醫學的角度說，無論是傳統還是現代醫學研究都證明，健康、放鬆的心態有利於治療，而負面的態度和情感，如憤怒、怨恨、憂慮等，會對身體造成損害。

痛苦普遍存在，生活不可能完美無缺或總是稱心如意。由於這個見地，我們終於可以放鬆下來，不再急於逃避和指責，甚至不再想盡辦法化解，因爲我們知道：只要有這個身體在，我們就必定會經歷衰老、病痛、死亡；只要心裡還有貪執、瞋恨、困惑、傲慢，我們就必定會感受痛苦。

二

在不乏痛苦的人生面前，如果我們就此放棄希望、垂頭喪氣，那未免太愚蠢。對痛苦進行觀察和思考之所以有意義，是因爲我們有可能、有希望從痛苦中解脫出來。

佛陀宣講苦諦，目的是讓我們認識輪迴中生命存在的痛苦本質。對痛苦的了解越深入、越全面，我們就越被激勵著去實踐離苦得樂的方法。

痛苦和快樂不是憑空而來，它們都有各自形成的原因和條件。

佛陀說，一切痛苦的根源在於我們長期以來對自身及外部世界根深柢固的誤解，執幻爲實。萬事萬物皆依賴各種內在和外在的條件而生滅，因此不具固有性、恆常性，用佛教的術語說，即無我和無常。

無常並非佛陀的發明，他只是指出了一個顯而易見卻總是被人忽視的事實。時間剎那不停地流逝，冬去春來，花開花謝，人有悲歡離合，月有陰晴圓缺，萬事萬物都在變化之中，這就是無常。無常乃事物普遍具有的性質，可是人們往往要到迫不得已的時候，突然遭受變故、生病、別離，才會去注意它的存在，所以人們誤認爲是無常帶來了痛苦，而實際上造成痛苦的不是無常，而是對無常的恐懼。

克服這種恐懼有兩個辦法，一是熟悉無常，二是了解恐懼無常的原因。

很多人大概都有過類似的體驗：越是怕一個東西，就越不敢看它；越不敢看它，就越害怕。人們與無常的關係就是這樣。如果能轉過身來，面對面地好好端詳一下，會發現無常並不像想像的那麼可怕。倘若沒有無常，離別的人就永遠沒有相聚的機會，生病的身體就永遠不可能痊癒，黑夜永遠等不到白天，低落的心情永遠快樂不起來。這樣的世界不是很糟糕嗎？

經常地觀察自己和周遭的人事變遷，會讓我們熟悉並逐漸接受無常。我們不再想方設法減少臉上的皺紋，爲日漸鬆垮的小腹發愁，爲離別而心碎，對成敗耿耿於懷。我們終於開始學會冷靜理性地看待生命之流變，意識到不是只有自己在失去、在衰老、會生病、經歷挫折、沒有安全感。每個人的生活都充滿變化起伏，有得有失，這是普遍的，也是自然的。

熟悉無常令我們的內心眞正放鬆而開闊，另一個好處是我們因此更加珍惜人生，懂得佛法修行的意義。

雖然我們常說人生苦短，但心裡眞實的感受卻是來日方長，要做什麼事情，以後有的是機會，急什麼？人們總是認爲無常離自己很遠，不要說旁人的生離死別與自己無關，就算是自己遭遇重大變故，比如罹患疾病、親友去世，也很難從根本上改變對無常這個基本事實的習慣性忽視。正在麻將桌上的人們，不會因爲身旁電視裡正在播放的地震災難的鏡頭而停止圍城酣戰。疾病康復的人們很少因爲曾經經歷的病痛和危險，而認識到自己傾盡全力去追求的名利對生命來說其實沒有太大意義；與之相比，內心的平和富足、親情友情、慈善助人的行爲等對自己更有幫助，更容易產生幸福感。

我們是一群得了嚴重健忘症的人。受苦受難、哭天抹淚、心灰意冷，全架不住健忘，一轉眼功夫，又哪兒熱鬧往哪兒趕。不是說大家不能積極樂觀，而是在樂觀的同時應該意識到人生何其脆弱、短暫。我們的身體逐年衰老，終將死亡，在生與死之間還有疾病和各種事故的侵擾，一生當中可以用來積累福慧資糧、追求解脫的自由時間並不多，而我們卻把這寶貴的人生浪費在瑣碎、無聊的事情上，努力想去維持正在不斷消逝的事物，甚至爲此造下惡業。

當人生走到盡頭，除正法外，什麼都幫不了你。縱然富有四海，也帶不走一針一線；位高權重，也帶不走一奴一僕，就連最爲珍愛、精心保護的身體也不得不捨棄。那時，唯有惡業對你有害，除此之外哪怕整個世界都與你爲敵，他們也無法向你射出一支寒光閃閃的箭。

我們不喜歡無常，因爲它總在試圖向我們傳達另一個讓人深感威脅的資訊：任何事物包括我們自己在內都是「無我」的，都沒有永恆、固有、實存的性質。事物皆觀待因緣而生滅。

因緣是指促成事物形成的各種物質及非物質條件。因緣具足就會產生現象，因緣缺乏就不會產生現象，因緣變化則現象變化，因緣消失則現象消失。這就是我們通常說的緣起。

「此有故彼有，此無故彼無，此滅故彼滅。」

因爲事物都是緣起的，不可能恆常不變，也不可能有一個不需要條件而自生自有、完全獨立的「自我」。這徹底打破了我們對安全感的幻想，多麼令人絕望！

然而，像無常一樣，無我也只是事物普遍具有的性質，它本身不好也不壞，只是因爲人們堅持認爲事物是固有、實存的，並且認爲只有這樣，人生才有立足點，才會幸福，所以極力抗拒「無我」的觀點。

的確，不要說體悟無我，就算在概念上初步理解「無我」，都是一件極爲困難的事。我們以及我們周圍的萬事萬物不是明明存在嗎？我們有各自的身體、思想，我不是你，你不是他，桌子、牆、水，都看得見摸得著，怎麼會無我呢？

龍樹菩薩在《中論》、寂天菩薩在《入菩薩行論》的〈智慧品〉中，對無我進行了完整、詳盡的闡述。這裡，我們只結合現代人的日常生活，對無我的觀點作一個簡單的介紹。

認爲事物具有穩定性、持久性，是一種錯覺，若加以分析，就會明白其中的謬誤。以我們自己來說，我們是爲了方便指事和溝通才說「我」、「自己」，其實找不到一個固有、實存的「我」。如果說肉體是我，那麼減肥之後，我是不是就不完整了，不再是原來的我了？若是如此，那有一部分的「我」去哪裡了呢？實際上，減肥之後，我們覺得自己當然還是原來的自己，不但沒有缺損，反而更加完美。肉體無論是增加還是減少，也就是說，無論是一個胖的身體還是一個瘦的身體，我們都認爲那是「我」，那麼「我」就是可變的，可變的事物不具有永恆性，而是隨著外部條件及內在成分的改變而時刻變化。既然時時在變，哪裡還有一個實存的我呢？可見，以肉體爲我，不過是一種幻覺。

如果血液、體液、內分泌物是我，那麼每次出汗、流淚是不是「我」都在變小？如果張三的血液就是張三，那麼當他向李四輸血後，根據血液是「我」的假設，新輸入的血液就是李四，而這些血液來自張三，前面說了，張三的血液就是張三，這麼一來，豈非李四就是張三了？從另一方面來說，同樣的血液，既能在張三體內流淌又能在李四體內流淌，恰恰說明血液不是「我」。構成人體的地、火、水、風四大因素都可以如法炮製加以分析。

其實，得出「身體不是我」的結論並不難。看看以前的照片，那個被人抱在手裡、還沒長牙、只知道傻笑的小孩眞的是我嗎？那個我到哪兒去了？如果那個是我，現在看照片的這個人又是誰？

一般來說，一個人的身體，作爲處於連續不斷、無窮無盡的逐漸變化中的聚合體，會存在幾年、幾十年或者上百年，而思想、情緒、感受等心識卻是念念生滅，更不具常一性。如果身體不是我，剎那變化的心就更不可能是我了。

然而，**無我並非斷滅**。生命是前後相似相續，非斷非常的。現在的「我」與過去的「我」，固然早非一事，卻又相續不斷。何以故？因果不虛也。生命的遷流可以理解爲一系列前後傳遞的因果關係。在前的肉體和精神的行爲影響在後的行爲，每一狀態的生起都依賴之前的狀態，生生不息，變化不止。死亡不過是一種比較深刻的變化而已。因果的傳遞不會因爲死亡而終止。

人是無我的，物也是無我的。自然科學的發展讓無我的概念更易於理解了。所有物體都可以一再分解，由分子、原子、質子、中子、電子等佛經上稱爲微塵的東西組成。這些微塵根據一定的結構、比例關係不停地高速旋轉、運動，所畫出的運動軌跡被人們誤認成實在的物體。就像夜晚手拿一支點燃的香快速畫圈，會看見一個光環，而光環並不實存，只是香頭畫出的軌跡在視覺上產生的錯覺。

如果把人體放到顯微鏡下觀察，會發現常人眼中執爲實有的這個身體消失了，變成水、鈣、磷、鐵等礦物質，各種氣體及碳水化合物等。若進一步調大顯微鏡的倍數，上述這些物質又消失了，變成一堆分子。分子再分解，就出現原子，如此無止境地分解下去……

大乘佛教中觀派的著作中對此作過詳盡的論述，認爲常人看似實有的東西與虛空無二無別。當然，現代物理學的發展還沒有最終印證這個觀點，佛教內部也存在不同見解，但不管怎樣，到目前爲止的科學研究成果已具有足夠說服力，使人們相信沒有實存、常一的我，即使物質分解到最後不是虛空，而是有一個終極微小的物質單位，這個單位也不可能是「我」，否則，每個人身體裡都會有數不清的「我」，而同時「我」也存在於空氣、水、泥巴裡，這樣又回到開頭的問題：如果有實存的我，那麼哪個是我？

三

能夠聽聞到無我的觀點是值得慶幸的，它給了我們一個觀察宇宙人生眞實面貌的全新視角，也是一副止息痛苦的妙藥。但是只在理論上理解無我還不夠，要徹底解脫痛苦必須親證無我。探討無我的問題，目的不是做智力遊戲，而是爲了有效地息滅痛苦。

佛經上有一個繩子和蛇的比喻：某人在黑暗中走進一間房子裡，誤以爲地上的繩子是毒蛇，因而驚懼萬分。此時若有人告訴他那只是一根繩子，不是毒蛇，他或許將信將疑，但心裡的恐懼不會完全消失。如果把燈打開，在他親眼看見地上是繩子而不是毒蛇的刹那，他的心裡便徹底沒有恐懼了。

同樣的道理，我們在輪迴中，因爲錯覺、誤解，把因緣和合、念念生滅的東西執著爲實有、常存，而感受各種痛苦。現在雖然聽佛陀宣說了無我的道理，在理論上知道痛苦的根源在於我執，但我們還是會有痛苦。只有當證悟無我時，困擾我們無量劫的痛苦才會在當下消失。

如果我們不去努力證悟無我，而只是把無我的觀點當作一種知識儲備在腦子裡，就好比一個病人把醫生開出來救命的藥方當文章欣賞，而不去按方抓藥、治病救命。光讀藥方是治不了病的。懂得無我的道理之後，應該運用到日常生活、修行中去，時時處處體認無我，這樣才能眞正有效地對治痛苦。

初學者很難直接體驗到無我，但可以經常提醒自己：一切事物都是無我的。不斷強化這個觀念，也會相當有幫助。比如生病了，我們通常會說：「我不舒服！我很痛！我很慘！」這時如果我們提醒自己：沒有我，只是這個肉體的某些部分、某些功能出了問題，不舒服、疼痛也只是一時的感受，而感受隨時在變化。僅僅是知道沒有一個實存的我在生病、在受苦，都會令心裡的焦慮、恐懼放鬆很多。

我有一位弟子，一次不小心割破手指，他痛得倒吸一口涼氣，自言自語地說：「我執眞強！」這給了我極大的啓發。無論是肉體還是精神感到痛苦時，就對自己說「這是我執」，而不要把它當成什麼大不了的事，這能幫助我們更輕鬆地面對、承受痛苦。

很多時候我們傾向於把當下純粹的苦受擴大，演繹成悲慘的故事，甚至是連續劇，摻雜進太多不相干的情節、評判和議論。

本來割破手指，找出ok繃自己包紮一下就沒事了。可是有的人不去找ok繃，反而坐在那裡想：太疼了！流血了！傷口如果感染就要得破傷風了，破傷風可是會要命的！如果真有個三長兩短，我的孩子怎麼辦？房子怎麼辦？還有人欠我的錢，他大概就不會還了。我還有很多計畫沒實現，這麼早就離開人世，太不公平……如此想著，這位割破手指的老兄可能就真的驚嚇、悲憤交加而心臟病發了。

這個例子聽起來有些極端，不過在日常生活中，我們對很多事情的反應不是與這很相似嗎？

無我有助於減弱對外物的貪執。

比如在一般人的價值觀裡，鑽石和石墨可以說有著天壤之別，但實際上兩者並不像人們想像的那麼不同，它們是同素異形體，是同一種元素的不同形態。

鑽石和石墨都是純粹由碳原子構成，只不過由於碳原子的排列結構不同，硬度、結晶色才產生了差別。鑽石是目前最硬的物質，石墨卻是最軟的物質之一；鑽石光芒璀璨，石墨卻沒有光彩。然而，鑽石並沒有不變的鑽石性，石墨也沒有不變的石墨性，根本上來說它們都是碳元素。

可是由於人們的妄執，兩者被賦予不同的價值。鑽石被鑲在王冠、項鏈上，成爲財富、奢華的象徵，石墨卻只是磨成粉和黏土一起用來做鉛筆芯。很多人對鑽石夢寐以求，得之喜失之悲，對同樣由碳元素構成的石墨卻毫不在意。

我們就是這樣把自己的攀緣心、分別念、錯覺投射在物體上，執著貴賤美醜，枉受痛苦。

事物無我，卻能隨緣顯象。這其中發揮作用的一個重要規律是因果律。

曾有對佛法完全不了解的人問我：「如果讓你用一句話概括佛教的信仰，你會說什麼？」

我想了想說：「信佛就是相信因果。」

佛法的無我、空性等觀點雖然殊勝，但一般人不容易理解，若陷入斷滅、單空的觀點中，見解和行爲便會與正法背道而馳，那樣的話，覺悟、解脫就遙遙無期了。我認爲初學者從最基本也是最重要、最易於實行，同時也是最深奧的因果入手，會比較穩妥、有效。

從實踐的角度簡單地說，相信因果就是諸惡莫作、眾善奉行、自淨其意。如果不想感受痛苦，就捨棄會帶來痛苦的心念和行爲；如果想要快樂，就培養會帶來快樂的心念和行爲。

有人會說：「我學佛精進，行善積極，可爲什麼還會遭遇不幸、坎坷，而有的人盡做壞事，卻逍遙快樂。這不是沒有因果嗎？」

我在以前的開示中曾提到：人們的一言一行、起心動念都會產生相應的後果，有些行爲的後果很快顯現，而有些行爲卻要等很久以後才能看到它的結果。就像野草的種子播進土裡不久就會長出草來，而青稞播種後卻要等來年才會開花結果。

因果眞實不虛。如果一個行爲的果報今生沒有成熟，而你也沒有採取任何行動阻止它成熟的話，它一定會在下一世或更晚的時間成熟。所以，我們今生的遭遇不全是今生造作的因果，有一些是前世的因在今生成熟的果，今生的因所產生的果也有一些要到後世才顯現。

行善積德卻遭遇不幸，《金剛經》中有一段話可作爲解答：「善男子、善女人，受持讀誦此經，若爲人輕賤，是人先世罪業，應墮惡道，以今世人輕賤故，先世罪業則爲消滅，當得阿耨多羅三藐三菩提。」

行持善法創造出新的因緣，改變了原來的因果，所以重罪輕罰。本該在後世以更慘烈的方式體現的果報，在今生投身爲人尚有取捨的自由時成熟，以後就不會再受此一報了。

日常生活中的因果取捨要謹慎，涉及三寶之物，尤其是僧眾飲食的因果取捨更需細緻入微。

當年喇榮五明佛學院供齋，就如何處置僧眾當天未吃完的食物的問題，法王如意寶曾專門召集全學院的堪布、活佛討論。因爲供齋的食物是僧團的共同財物，若處置不當會招致嚴重果報。如果把吃剩的食物倒掉，是浪費，也是不如法的。若把供齋沒吃完的食物給小動物吃，給的人和受的動物都將造作下地獄的業。同樣的，把沒吃完的食物給人吃，給的人和受的人也都將造作下地獄的業。

大家查閱各種經典並經過深入討論，最後決定：供齋期間，當天沒吃完的食物應該賣掉，用所得的錢第二天再買食物供齋，如此循環直至終竭。

法王如意寶曾經說：有時覺得自己往生肯定沒問題，心裡為此很高興；但有時又想到小時候在洛若寺出家，大家都很疼愛他，除了每人定量分得的一份食物外，管家們常常額外給他一些吃的。因為這個原因，自己有時會害怕不能往生了；也很為當時的管家難過，他們也背負了嚴重的果報，如今不知他們在哪裡。法王如意寶常請學院僧眾為當時的管家們念經，加持他們早日解脫。

受到法王如意寶的影響，我對涉及三寶之物的因果取捨也非常謹慎，去寺廟講課、訪問等從不輕易吃僧團的任何食物，萬不得已要在寺廟用餐的話，也必定交給寺廟相應的錢。

佛經中有云：**涉及三寶之物當中，僧團的食物因果最為嚴厲**。如果有人把佛像身上的衣服、飾品等拿來自用，之後心生慚愧悔恨，再買新的衣服、飾品等裝飾佛像，並勵力懺悔，這個罪業有可能清淨。然而，居士享用僧眾的食物，或者出家人享用自己本分之外的僧團共有的食物，即使後來歸還並懺悔，此罪業也無法完全清淨。

以前，托嘎如意寶的弟子白瑪旺扎堪布在札熙寺講學時，特別強調修行人要重視取捨因果。他自己的行持就爲大家樹立了很好的榜樣。

堪布一無所有，走到哪裡只隨身背一筐書。寺廟冬天開法會，僧眾燒火煮茶煮粥。一天的法會結束後，有的僧人便把未燒盡的木炭拿回自己的小屋用於取暖。白瑪旺扎堪布每次都會拿同等數量的木柴來換取已用而未燒盡的木炭。他說：「僧眾的食物自不必說，就是僧眾共有、已使用過的木炭拿去自用，是不是要背負果報，也很難說，還是謹慎一些爲好。」

我們平時說話，哪怕是探討佛法，都應該非常小心地取捨因果。

我年輕時跟隨才旺晉美堪布學習，堪布常常說他曾經造了一個深重的惡業，爲此他一直在懺悔。有時課堂上跟我們講起來，他都會後悔得直掉眼淚。

當年他在佐欽熙日森佛學院學習時，從拉薩哲蚌寺來了一位格西，口才佳，好辯論。有一天，上師格日堪布講中觀，格西進來坐在一旁聽課，態度不是很恭敬。格日堪布講課的風格不是口若懸河、滔滔不絕，而是慢慢講，娓娓道來。上師講到空性的非有、非無、非非有、非非無時，坐在才旺晉美堪布身邊的格西把上師的話重複了一遍，邊說邊搖頭，大不以爲然。堪布爲此不太高興，下課便找到格西，要跟他辯《俱舍論》。格西辯到中途出錯，一下被堪布抓到把柄。堪布得意地說：「世親菩薩和他學派的所有後來者都沒這麼說過，你這個黑皮（因爲格西長得比較黑）眞是信口開河！」爲了這一句話，才旺晉美堪布後悔不已，並且終生不再與人辯論。

四

世間一切事物、一切現象都依賴各種因緣，念念生滅，沒有什麼是完全孤立、自給自足的。了解無我，可以幫助我們淡化分別念，認識到傾盡全力去搭建自我的堡壘、堅守人我的區別和界限，不僅是痛苦的而且是徒勞的。我們因此更能理解、體諒別人，更容易與外界形成和諧的關係。

菩提心的訓練之所以可能，正是因爲我們看到萬物相互依存、息息相通的事實。

每次去醫院，看見病房、走廊、大廳裡到處都是人，老的、少的、生病的、陪伴病人的、哭喊的、沉默的，每個人都在受苦。我的心裡充滿悲傷，眞希望自己能做點什麼讓他們快樂一些。疾病使人們比平常更加脆弱、敏感，這時，來自他人的關愛，哪怕只是一句眞誠的問候、一個體諒的微笑、一個謙讓的表示，也會對患者有幫助。

最近一次去醫院，有弟子幫忙聯繫了快速通道，不需要排隊直接就接受了體檢。很感謝這位弟子，他工作非常忙，那天卻拋開所有事務，一大早就陪我到醫院，前前後後地打理安排。檢查出來後，聽說這家醫院的體檢中心一天只能接待十來位病人，普通病患通常需要提前好幾個星期甚至幾個月預約、排隊，才能得到一次檢查及與醫生面談的機會，我的心情一下沉重起來。想到因爲我的插隊，後面的病人不得不等待更長時間，有的重症病人多耽擱一天，病情就會多惡化一步；有的病人從外地來，住在條件很差的旅館裡等待接受檢查，每多滯留一天就要多花一天的住宿費，對很多貧困家庭來說，一天的住宿費也是個不小的負擔。我覺得自己不但沒有幫助減輕他人的痛苦，反而無意中增加了他們的痛苦和麻煩，心裡難過極了。

我們常說利益眾生，然而，「眾生」一不小心就會成爲我們心中一個抽象的集體名詞，而不是出現在我們生活中形態各異卻具有同樣的覺知能力、能感受痛苦和快樂的一個個生命。我們往往因大失小，擔心過於關注眼前的個體，會導致失去整體的視角和心胸。所以，口頭上對「眾生」充滿感情，行動中卻對近在身邊的親友、同事們的身體痛苦和精神孤獨熟視無睹。

的確，作爲大乘佛子，我們永遠不能忘記盡虛空界無量無邊的眾生的福祉，但同樣重要的是，我們不能忽視因爲各種因緣來到我們面前，需要幫助和關愛的每一個有情，他們來世以及今生、日後以及眼前的安樂。

佛教許多經論中都談到痛苦及痛苦對覺悟的意義，歷史上也有大量修行人終生選擇比一般世人更艱苦的生活方式。

不過，這並不意味著我們認爲痛苦是美好的，是所有人都必須追求的。一切眾生都希望得到快樂，這點毋庸置疑。我相信我們存在的目的就是爲了尋求安樂，爲了獲得滿足感。總是提醒自己眾生在這個層面上的共同性，有利於我們培養同理心、同情心，也能讓我們更加順利地發展菩提心。我在本書第三部「走出修行的誤區——菩提心」中，講到了生起、鞏固菩提心的具體方法，這裡就不再贅述。

普賢菩薩曾發願：「十方所有諸眾生，願離憂患常安樂，獲得甚深正法利，滅除煩惱盡無餘。」這正是對願菩提心的具體闡釋：其一，希望眾生遠離挫折、痛苦、磨難，經常感受快樂；其二，希望眾生眞正趣入正法，信受奉行，由此擺脫輪迴的痛苦，並最終滅盡煩惱，成就無上正等覺。或許我們遇到的大多數人都不求出離輪迴，只求眼前離苦得樂。不管怎樣，我們還是應該盡己所能地去幫助他們，讓貧窮的免於匱乏，讓患病的得到照料，讓孤獨的得到關愛，讓受蔑視的感到被尊重，讓受冤枉的感到被理解。這是菩提心的一部分。

我們可以要求自己以解脫爲目標、捨棄對今生和來世安適的希求，但不能因此不尊重他人對幸福快樂的理解和對現世福報的追求。

對修行人而言，生病使我們更眞切地體會到眾生的痛苦和他們對健康快樂的渴求。平常認爲自己理所當然就該擁有的東西，像能看見這世界的五彩繽紛、能聽見鳥語、能聞見花香、能嘗到酸甜苦辣、能感受風淨涼恬、能哭、能笑、能跑、能跳，乃至餓了吃飯、睏了睡覺……這都不是隨時想有就能有的。身體健康的人往往忽視健康的可貴，不知道沒有病痛的身體是多麼自由輕鬆、令人羨慕。

因爲不知道可貴，所以不知道希求。難怪天道眾生雖然受用具足、無衰無病、無憂無慮，福報比人大得多，卻少有解脫的緣分。他們生活得太安逸，不知痛苦匱乏爲何物，又對安樂富足習以爲常，很難生起求解脫的心。天人只有在漫長的生命即將結束的時候才突然警醒，原來痛苦墮落時時刻刻都在逼近，而再想做點什麼以求遠離痛苦，已經來不及了。

人不一樣。人無可避免地要在短暫的一生中經歷憂患變遷，他本能地會對痛苦生起畏懼、躲避之心，希求安樂。如果有正確的引導，他會進一步認識到世人所追求的功名富貴、健康長壽等幸福也是無常的，終不離痛苦。

輪迴中痛苦普遍存在，要想徹底地離苦得樂，只有解脫輪迴。

五

雖然我們擁有的一切不算完美，無論我們怎樣在意保養，身體都不免生病、衰老；無論我們怎樣精心籌劃，人生總有不測風雲、旦夕禍福，但是這樣一個多災多病、充滿不確定性而且煩惱重重的人生，佛陀卻說，是我們解脫的最好機緣。

人生苦樂參半，有足夠的痛苦讓我們生起對解脫的嚮往，又不至於太過痛苦而無力無暇朝解脫的方向努力。

生老病死、悲歡離合，幸福的、悲慘的、成功的、潦倒的，人生的種種經歷，無一不在啓發我們覺悟。

對這樣如珍寶一般的人生，它的啓示，它所創造的機會，我們常常因爲忙亂而無暇去領會、利用和珍惜。

生而爲人，有多難得，我們以前並不知道。佛經上說：若有海洋如三千大千世界般廣闊無涯，海面上漂浮一根木軛，上有小孔，海底有一隻盲龜，每一百年浮出海面一次。木軛隨波逐流、任意西東，它無心找尋盲龜。盲龜在海底深居簡出，一百年才到海面來一次，即便來了，牠也看不見木軛，自然不會存心追逐木軛。這盲龜與木軛相遇的機率微乎其微，但是由於偶然的機會，在盲龜百年一次浮出海面的刹那，也有可能正好把頭撞進不早不晚剛巧漂流到那裡的木軛上面的小孔裡，而我們獲得人身比這更難。

我們總是想當然地認爲自己目前擁有的種種利於修行的條件，是輕而易舉就能得到的，毫不稀奇。殊不知這個世界上眞正擁有八種閒暇、十種圓滿，能利用這難得的人身追求解脫的人少之又少。

作爲人，我們暫時免於地獄、餓鬼、畜生這三惡道的痛苦愚癡，也不會像長壽天的天人那樣，因誤認爲沒有善念惡念的禪定就是解脫而失去修法的機會。然而，同樣是人，有些人卻生在蠻荒、未開化之地或者無佛出世的暗劫，不聞佛號，不分善惡，不知取捨；有些人天生心智有缺陷，無力聞思修持佛法；有些人生活的社會環境和傳統使他們終生沒有機會接觸佛法。

相比之下，我們要幸運得多。漫長的輪迴中，我們投生爲人的時候，世間有佛法，且由於宿世的因緣，得聞佛法並心生歡喜信仰，入佛門得善知識指導，生存、生活方式與正法不相違背。**這種具足修法的有利條件，並眞正用於修行的人身，被稱爲珍貴稀有的暇滿人身**。若善用此人身，即身即可解脫。

留意觀察，我們會發現有太多的人不是缺這個條件就是缺那個條件，而無法眞正離苦得樂。因緣具足才能入佛門、求解脫。雖然從世俗的角度來說，一些人也許聰明能幹，但這種聰明能幹只是用來謀求衣食，甚至用來造惡，好不容易長劫累世積累福報得來的這個人身，不但無義空耗了，而且還成爲投生惡趣的因緣。

放生的時候，我與販賣和宰殺牲畜、魚蝦的人打交道，和他們交談。有些人自己並不想以殺生爲業，既辛苦又不體面，但他們有的就生在世代以殺生爲業的家庭，子承父業，別無選擇，或者實在沒有其他的技能，只好靠殺生來養家糊口。

想想他們眞是可憐，同樣是爲了生存，很多人可以做更加輕鬆體面的工作，而他們卻必須成年累月在市場禽畜肉類區令人作嘔的腥臊惡臭裡生活。我也知道，生存、生活方式很難一下子改變，但只要有可能，我總會勸他們加入放生，哪怕只是出一點點力氣也好。

這個世界上像他們一樣，靠殺生、欺騙、偷盜、邪淫等方式謀生的人不在少數，所謂業際顚倒就是這樣。他們需要造很大的惡業，才能換來少許衣食享用。雖然歷史上一些大成就者也示現成獵人、屠夫、盜賊、妓女等形象，但那是爲了度化、接引不同根基、不同因緣的眾生，是出於菩提心而不是因爲自身的貪、瞋、癡和罪障才那樣做。作爲普通人，我們該慶幸，不論是情願還是不情願，自己都不用從事與正法相違的職業，而照樣能吃飽穿暖。

這幾個月以來，我常常在醫院走動，先是家裡親人生病住院，後來自己心臟問題加重也不得不去醫院治療，這使我有機會接觸一些醫生、護士、病人，並與他們交朋友。

他們大都不信佛，究其原因，不是因爲他們不認同佛陀的教法，而是他們之前根本沒有機會了解佛法，所以儘管對痛苦、對無常有認識體會，卻也無可奈何，不知道人竟然還有可能從痛苦中完全解脫出去。

我不禁再次感念自己的福報，生在一個佛法興盛的地方，從小就深信因果，並且知道只要自己努力行善、修行，就能夠解脫。十幾歲，我離開家，興沖沖去異地他鄉，跟隨上師學習佛法。那時候，我就堅信自己這一生所能做最有意義的事情就是尋求解脫。

這種了解、這種信念，對我們來說非常重要，因爲在這個物慾橫流、道德觀、價值觀混亂的時代裡，要自始至終做一個善良正直的人很難，有太多的誘惑、太多似是而非的理由，讓我們懷疑堅持心中的良善是否眞有意義。

有時候，善良的舉動會招來質疑甚至毀謗。如果我們的目標不是解脫，如果解脫之道不是遠離貪、瞋、癡，不是諸惡莫作、眾善奉行，我們很容易便會迷失在對貧窮、蔑視、責難、羞辱的恐懼和對富貴、尊崇、榮耀、讚美的嚮往中。

這次在病中，我曾想自己恐怕要離開這世間了。醫院的專家們對我的病進行會診，我望著診室窗外凋敗的冬景，心想很多人會因爲我的離去而痛苦。我的母親，一生坎坷，八十歲了卻還要遭受喪子之痛！我的弟子們，善良、虔誠，對佛法那樣渴望、珍惜，那樣精進地修行，能夠成爲他們菩提路上的道友，以自己微薄的力量協助他們前進，我是多麼高興！我若走了，他們會傷心。還有其他許多尚未做完的事，我多麼希望能對參與的人、相關的人都有所交待……。

人到這種時刻，往往會有些牽掛和悲傷，我也不例外。不過，長期的佛法修行使我幾乎立刻就意識到這種傷感是無謂的，人生就是這樣，無法圓滿，各人有各人的因緣，放不下也沒有用，倒是應該考慮如果不得不捨棄這個人身，自己是否有把握解脫。

我的外甥女嘎姆前段日子生病住院，病危通知書發下來，她異常平靜。她說她從小身體不好，總是擔心自己的病連累家人，這次如果眞的過不去這一關，就希望能早點走，不要拖，不要讓家人受累。

人生雖然短暫，但她很高興自己做到了戒律清淨，所以面對死亡，她一點也不驚慌，她相信上師三寶一定會加持、引導她順利往生淨土。我很佩服嘎姆，小小年紀就能做到這樣淡定。她對這個世間是眞正一點也不眷戀的，儘管她從不抱怨，永遠都和風細雨，一副心滿意足、怡然自得的樣子。自她住院到後來病情好轉，先後換過三次病房。每一次，同室的病友都會被這位小小的出家人不同尋常的鎭定柔和打動，繼而對佛法生起信心。當時我想，疾病和死亡來臨時，希望自己也能像嘎姆以及其他眞正的修行人那樣平靜從容、無怨無悔。沒想到，考驗我的時刻很快就來了。

輪迴中得人身猶如曇花一現，來之不易的暇滿人身一旦失去，想再得，千難萬難。很多人沒來由地相信輪迴是一件浪漫的事，想當然認爲自己來生肯定還是做人，甚至還能回到今生今世的種種因緣中，繼續一段段愛恨情仇的故事。這種想法實在有些一廂情願。如果自己能決定，我想古往今來絕大多數人都不會死了，但事實不是這樣。可見臨到命終，一般人都做不得自己的主。

「欲知前世因，今生果便是；欲知後世果，今生作便是。」

來生是否接著做人，要看這一生的行爲。來生若要得人天福報，今生必須遠離十惡業、行持十善業。要進一步得到暇滿人身，則需守護清淨戒律才能得到可用於修法的閒暇，必須大量累積佈施等福善才能得到圓滿，而且還要有清淨的發願。

檢視一下我們平日的言行，不要說菩薩戒、密乘戒，就是基本的在家人的居士戒、出家人的沙彌戒和比丘戒等等，是否能圓滿守持呢？想到這一點，就會知道再得閒暇的把握微乎其微。就算戒律清淨，具備獲得閒暇的因，而獲得圓滿的因——上供三寶、下濟貧乞等善法，平日又能做到多少呢？即便有可能做到嚴守戒律、慷慨博施，是否還有清淨發願？也就是說，要發願來生再得有助於修行和解脫的暇滿人身，或者行持一切善法都不忘以菩提心來攝持自己的言行。唯有三方面因緣具足才能得到暇滿人身。

如果不抓緊現在的機會，讓寶貴的光陰空耗過去，那麼在以後很長的時間裡，我們恐怕都不可能再擁有如此圓滿的修行條件了。那樣的話，什麼時候才能眞正止息痛苦，獲得解脫呢？

看過《喜樂的曼達拉》一書的人大概有印象：

一九九三年秋，我從喇榮五明佛學院去德格印經院請法本，途經家鄉玉隆闊時，有一位老人把祖傳的土地供養給我修建道場（即後來的扎西持林），當時與我同行的三個人紛紛發願，待道場建成後，願爲我供應糌粑、當司機、當侍者。

發願當侍者的德勒來自青海果洛，是我此前一年在果洛頓達寺講課時認識的。他對法王如意寶信心巨大，我講完課回五明佛學院，他也一道跟著來了。那時他曾無比歡喜地向我談起他的學習計畫，但是沒想到，其後不到三年，他就去世了，年僅二十三歲。我曾看見許多像德勒一樣的年輕人，對三寶充滿信心，對修行滿懷熱情，然而死神卻沒有給他們留出多少修行的時間。

修行，永遠不嫌太早。

當年，我與來自爐霍的日布多傑活佛同在喇榮五明佛學院求學。我們常常說，希望以後能一起去蓮師修行的聖地青樸神山閉關。後來因遵循大恩根本上師法王如意寶的教言，我四處弘法，忙忙碌碌間光陰荏苒，至今也沒有機會得償夙願。恐怕這一輩子也很難有機會了。我最要好的朋友、我的師兄日布多傑活佛，雖然也沒能按照自己最初的設想去青樸神山，但他卻在五明佛學院後山持續閉關修行，如今已經十幾年了，這讓我敬佩不已，也羨慕不已。

人生充滿起伏變化，很多時候自己的想法、計畫都無法實現，但不管在什麼情況下，都要提醒自己：**暇滿難得，今已得，人壽無常，死期不定，務必要精進修行，才不辜負這珍寶人生。**

自去年十一月以來，我的健康狀況不斷惡化，心絞痛加劇，夜不能寐。因忙於各種事務，無法分身，直到今年年初才去醫院體檢，結果堪憂。菩提洲網站公布這一消息後，各方佛子紛紛報名參加放生、供燈和金剛薩埵百字明共修。

爲了表達對大家的感激，我在治療間隙陸續完成此文，希望能與大家分享自生病以來的一些體會和感受。因病痛困擾、體力不濟，文章難免顚倒雜亂、詞不達意。有不對的地方，我在此請求諸佛菩薩寬宥，各位讀者體諒。囉嗦這麼多，其中若還有一兩句話能對各位佛子有所幫助，我也就不勝欣慰了。

以前我常告誡他人：「生病了亦不要懈怠修行，正好利用這個機會觀察體會痛苦、無常，修出離心、菩提心，把疾病轉變成解脫的契機。」話雖如此說，若不是自己大病臨頭，的確很難體會人在病中不輟修行需要多麼大的安忍和達觀。尤其心臟病，猝不及防，突發之時而要安住，幾乎不可能！我眞心佩服那些樂觀面對疾病、堅持帶病修行的道友，感謝他們爲我做出的榜樣。同時，也願一切衆生都遠離心臟病等突發疾病的困擾，在病痛的當下也能安住、修法。

感謝所有關心、幫助我的人，包括爲我治病的醫生、護士和照顧、陪同我的各位弟子。我的病情報告剛出來，有一位弟子當即就發願今生放生三億條生命。後來透過網站報名共修，不少人發願今生放生一億條生命，有人發願供燈幾十萬盞，也有人發願念一千萬遍百字明。一位叫香巴措的小朋友，才幾歲，聽到我生病的消息後，發願念一百萬遍百字明，而且家境並不富裕的她還發願從現在開始放生，希望這輩子能放到一千萬條生命。有的弟子跟我說，今年春節將是他有生以來過得最有意義、最快樂的一個春節，因爲從除夕到初五，每天他都會去放生。

我眞心隨喜大家放生、供燈、持咒的功德。

我無德無能，病不足惜。請大家不要把修持善法的功德僅僅迴向給我，而應迴向眾生，願一切眾生離苦得樂、究竟成佛。

希阿榮博

藏曆鐵虎年十二月三十日

二〇一〇年二月十三日

恰逢殊勝的釋迦牟尼佛節日

2
安　樂

什麼是執著？怎樣算放下？安樂，說到底，是一種心的感受。二〇〇八年七月底，上師舊病復發。治療過程中，上師就痛苦與安樂的關係作了如下的開示。

以前有弟子問我：「怎樣才能安樂？」

我想這是個很好回答的問題：「放下執著就會安樂。」

可是很長一段時間後，我發現這種簡單直接的答案並不是對所有人都有效。

什麼是執著？怎樣算放下？這些都是問題。所以當弟子再次問我怎樣才能安樂時，我便反問道：「你現在感覺如何？」

安樂，說到底，是一種心的感受。

有時候，人們並非不快樂，只是以爲自己不快樂而已。如果你試著去觀察自己的情緒變化，會發現情緒就像天空的浮雲，多變而易散，遠看一朵一朵，彷彿人能在上面漫步起舞，但走近一看，才發現根本沒有立足之地。儘管如此，天空還是經常出現浮雲，在我們心性的天空中，情緒的浮雲聚成雲團，構成我們的心境。快樂滿足的情緒多，心境便安樂。

什麼是快樂呢？

痛苦消失就是快樂。

不要把快樂看得太嚴重，好像不鄭重其事付出十二分的努力就不能得到它似的。

事實並非如此。再普通的人、再平凡的生活裡，也充滿快樂。口渴的時候，喝了水就會感到快樂；肚子餓了，吃東西就會快樂；上了一天班疲憊不堪，回家的捷運上意外地坐到一個座位，你會快樂；那顆蛀牙困擾了你好幾天，醫生把它拔除的那一刻，你很快樂；悶熱的夏夜裡一絲涼風、烈日下路旁的一片樹蔭，會令你快樂；甚至最平常的呼吸也會給你帶來快樂……靜坐的一個入門方法便是觀察自己的呼吸。心靜下來，就會體驗到，每一次氣息的吐納都充盈著喜悅的能量。即使在紛擾的日常生活中，你也能體會到這一點。

我們都有過這種經歷：感冒了，鼻塞讓人很不舒服，可是兩天後，當我們突然發現鼻子通暢、可以正常呼吸的時候，我們簡直高興極了，原來能用鼻子順暢地呼吸是如此快樂的一件事！

看得出來，快樂就在我們身邊，可是人們要麼因爲心不夠靜，察覺不到它們，要麼因爲快樂轉瞬即逝，來不及充分感受。

如果人們能像觀察自己臉上的斑點皺紋那樣，去了解熟悉自己心念的活動，就不難發現每一個單純而直接的當下都帶著淡淡的喜悅。如果人們不是把快樂一味寄託於瞬息萬變的外部世界帶給人的刺激，那麼快樂的感受是可以延長、擴大的。

佛法告訴我們：**痛苦源自我執和法執，即對自己的執著和對周遭事物的執著**。

人們相信有一個絕對存在的「我」，這是我的身體，這是我的想法、我的房子、我的朋友……，可實際上，這只是由於不了解自己而造成的誤解。

關於破除我執的方法，《中觀》和《入菩薩行論》中講得很清楚，我就不重複了。簡單地說，就是沒有一個絕對存在的「我」。

每天早晨你在鏡子裡看到的那個人是你嗎？可是生物課上老師告訴你，人體時時刻刻都在新陳代謝，也就是一直在變化，組成你身體的細胞不斷在死亡、再生。也許你覺得一定範圍內的變化是可以接受的，只要維持一個「度」，你就還是你，正如水在冰點和沸點之間無論怎麼變化仍然是水一樣。可是，拿出你三歲時的照片看看，你還會堅持認為在自己身上存在這麼一個「度」嗎？闊別幾十年的親友見面時往往感歎：簡直變得認不出來了！而之所以還知道是「你」，因為「你」不是孤立的，在你與外界千絲萬縷的聯繫中，還能找到昔日的痕跡。這種聯繫、這種相對身份，便是他人識別我們以及我們識別自己的依據。世界上沒有憑空來去的人。

了解到這種相對性，我們就會意識到，耗費一生精力企圖在自己與外界之間砌一道圍牆的做法是徒勞的，而這種徒勞帶來的挫敗感讓我們很不快樂。

我們不僅誤解自己與外界的聯繫，對自己的內心也知之甚少。

對許多人來說，這個世界上最陌生的人就是「自己」，似乎從來沒有機會安靜下來好好了解一下自己：此時此刻自己感覺如何呢？是飽還是餓？是冷還是熱？是疲倦還是精力充沛？是安靜還是躁動？聽起來再簡單不過的問題，可並非每個人都能立刻回答。

很有意思，在這個資訊爆炸的時代，你可能對地球那邊美國大選的進展情況瞭若指掌，卻不知道自己身心的眞實需求和感受。習慣性的心不在焉使我們錯過了解自己的大好機會。《阿含經》中講述了「四念處」的修行法門，就是從身、受、心、法著手，如實而又綿密地覺察自己的身心。

在這種了了分明的覺察中，很多煩惱消失無蹤了。

不知道大家有沒有過這種體驗：當你身體某個部位感到疼痛時，你把注意力集中起來觀察這個「疼痛」，包括疼痛的具體位置、疼痛的程度、疼痛程度的變化……，很快的，你會發現疼痛感緩解了。

同樣的，當自己被憤怒、嫉妒、恐懼、煩躁等情感困擾時，注意觀察。

以最具傷害性的負面情感——憤怒來說，憤怒也有從醞釀到爆發的一個過程，就像著火，開始只是幾顆小火星，後來發展成火苗，風一吹，才越燒越猛，成了一場大火。許多人要等到火焰沖天才意識到著火了。可是如果留心觀察的話，火星或火苗剛起就上前把它撲滅，大火就燒不起來了。你甚至可以不急於去撲火，袖手旁觀也無妨，看看火是怎麼燒起來的。也許你還不知道，通常在火上煽風、澆油的就是喜歡惡作劇的那個你。現在你跑出來做觀眾了，沒人幫忙，火燒得不起勁，一會兒自己就滅了。

其他情緒也是這樣，不要被它們推著到處亂跑，轉過身來正視它們：看它們從何而來，往哪裡去！

一切都會過去，包括具傷害性的負面情緒。

在你妒火中燒、大發雷霆、愁苦不堪、驚慌失措、滿腹委屈的時候，對自己說：沒什麼大不了，會好起來的。

事實上，你就是想不間斷地生一輩子氣、發一輩子愁，也是辦不到的。

前面我們講到自己與外界之間並不存在絕對的界限，這種自他的相通性爲我們訓練菩提心提供了機會。

我們追求幸福快樂，不想受傷害，我們被人誤解會感到委屈，我們希望受關注，被體諒……，人同此心，心同此理，擴展開來，芸芸眾生都有這些相同的希冀渴望。

熙熙攘攘的街頭，迎面走來的男人、女人、窮人、富人、你喜歡的人、你不喜歡的人，他們都和你一樣希望幸福安樂，雖然他們追求幸福的方式也許很笨拙。這樣的想法使我們很自然地生起同情、寬容之心。

安住在負面情緒中，而不是壓制它，也能幫助我們培養菩提心。

焦躁、憤怒、嫉妒、恐懼、煩悶、疾病等等都讓我們痛苦，這時我們想：還有很多眾生和我一樣在受苦！為了他們，為了自己，我一定要學會擺脫痛苦的方法。

寂天菩薩說：我們生起菩提心，就像是乞丐在垃圾堆裡找到稀世珍寶。它給我們帶來無盡的喜悅，滿足我們所有的希求。

不了解自己的另一個表現是不知如何正確地對待自己。或是溺愛放縱，或是自責苛求，總之就是不能以一種平和的方式與自己相處。

很多人的問題都在於永遠對自己不滿意，不滿意自己目前的外表、才智、地位、財富、受用，好了還想更好，一生的精力都用在追求更好上。

佛經中把我們生活的這個世界稱為娑婆世界，意思是能忍受缺憾的世界。癡心不改硬要在這個缺憾的世界裡追求完美，會有結果嗎？永無止境地追逐，目的到底是什麼呢？為了追求生活的富足安逸而苦惱或者忙得忘記去生活的，大有人在。辛苦操勞一輩子，到頭來還是不快樂，而一生卻已經過去了。

快樂的人生是從接受缺憾開始的，接受一個不那麼完美的自己，學會說：「我不再需要什麼，我很滿意。」

不要以為我們修行的目的是為了掌握更多的才藝技能，從而成為一個更美麗、更圓熟、更富有、更令眾人羨慕的人。不是這樣的。

很多時候，我們恰恰需要做減法。心思單純，生活簡單就很好。仔細觀察，我們深深執著的人、事物、狀態等一切，沒有一樣對我們的生活來說是不可或缺的。

把快樂寄託在向外馳求上，就像喝鹽水解渴一樣，得到的越多越不滿足。

法王如意寶曾說：「雖然不是所有人都能像密勒日巴尊者那樣捨棄今生，但也不要太貪心。」世間人追求的富貴同時也是負累。

從前巴楚仁波切隱姓埋名，在化緣的途中爲一名亡者做超度。當亡者往生的瑞相全部出現後，家屬高興地供養給衣衫襤褸的巴楚仁波切三匹馬以表示感謝。巴楚仁波切說：「我不需要任何供養。有了三匹馬就會有三匹馬的煩惱。」

有人說藏族人生活條件那樣艱苦，虔誠地信仰佛教並沒有讓他們的社會更發達，生活更富足。可是在藏族人的心裡，發達社會的標準不是物質繁榮，而是平等安樂。生活富裕卻不快樂，不是幸福的生活。

在佛法中，我們學到的便是讓今生來世平等安樂的方法。龍樹菩薩曾經發願：來世一不投生到富貴人家，二不投生到過於貧窮的人家，最好是投生到有吃有穿的中等人家，既不用爲衣食操心，也不會爲富貴所累，平穩安樂，最適合修行。

藏地很多人一輩子知足常樂，只求溫飽。他們相信內心滿足時感受的安樂，是富貴受用無與倫比的帝釋天也享受不到的安樂。

人們之所以認爲自己必須要這樣要那樣才會快樂，完全是慣性思維在作怪。當一些突發事件，如疾病、災難，打斷我們慣常的思維方式，我們就會發現其實自己並不像原先以爲的那樣需要很多條件才能感到快樂。

除了對自己的誤解外，我們對周圍的世界也存在誤解。

生活中一些基本事實顯而易見，人們卻總也認不清，比如說無常。

世間萬物時刻處於變化中，而我們本能地想追求安全感、確定性，這就意味著生活往往會不順我們的心。人們常感歎人生失意，事實上，那種挫敗感很多時候只是一種對無常的體驗。如果你承認無常是生命的規律並接受它，你就會放鬆下來。

你知道這個世界上不是只有你一個人不稱心如意、沒有安全感。你會懂得很多事情都不可強求，自己盡了心就好。斤斤計較於得失亦是無謂的。

認識並接受無常並不意味著你會變成一個悲觀主義者，生活在你眼裡從此將一無是處。試想在你認清無常的事實之前，不管是苦是樂，你不是一直都活得挺來勁的嗎？而無常又何曾有一秒鐘離開過你呢？

有時我們甚至要感謝無常。因為它，我們不會一直痛苦下去，我們總是有重新再來的機會。就像現在，在苦惱愚癡了無數劫之後，我們仍然可以透過釋迦牟尼佛的教法找尋到安樂。

佛法中還有兩個重要的概念：因果和空性。相信因果和建立空性的見解，能幫助我們進一步放下執著，獲得安樂。這兩點，以後有機會我再細講。

希阿榮博

二〇〇八年七月底口述

弟子記錄整理

3
從玉樹說起

如果我們認為某些無常是好的、溫和的、可以接受的，而某些無常是不可接受的，那麼我們並沒有真正領會諸行無常的深義。

玉樹地震以來，一些弟子向我表達心中的困惑：爲什麼災難如此頻繁？爲什麼在佛法興盛之地也會發生災難？佛法的加持力何在？爲什麼修持佛法還是不能避免無常？諸如此類的問題不少。

我沒有立刻給予解答。一來，現在仍然是爲地震死難者念經超度的共修法會期間，我希望大家都能專心爲逝者念經迴向，不受其他事情過多的干擾；其二，這些問題不是三言兩語能說清楚的，而且自去年底以來我便一直在病中，每天吃藥、治療，體力腦力均不濟。我想，災難頻發，我們的確應該從更深的層面去思考一些問題了，而不必急於給出簡單化的答案。所以近一個月來，我斷斷續續把自己的一些想法請身邊弟子記錄下來，最後整理成了這篇文章。

我並不認爲文章對與災難相關的問題做出了較爲全面的分析，那也不是我的初衷，我只是試圖去回答一些弟子提出的問題，以幫助他們澄清疑惑，而在解答的過程中，我有意把大家觀察的焦點從表面的災難引向災難背後更深層的原因，希望這種嘗試能激發大家去思考、去提出更多更精闢的見解。

關於這篇文章，我的基本思路是這樣的：我發現弟子們提出的一些問題與他們對無常的理解不夠全面有關，所以文章便從無常講起，講到什麼是無常，如何看待無常。然而，光講無常只是停留在現象的表面，爲什麼會有災難，還得探究現象背後的原因，這樣，文章第二部分就自然講到因果。在這一部分，我著重講的是因果不虛的道理，而沒有一條條具體地列出災難形成的原因。那很不現實，除了佛陀，沒有人能做得到。但這並不是說我們就不用去思考災難的成因了。我只是想請大家注意：任何現象背後的因果關係都是極其複雜的，不可武斷、簡單化、孤立地分析問題。文章第三部分仍然在講因果，講到事物的相互關聯，人們短視的行爲造成的種種問題。第四、第五部分講的是爲災區、爲這個災難頻發的世界，我們能做些什麼，應該不僅是一時的捐款捐物，更重要的是在日常生活中自律和培養慈悲心。

佛教認爲我執是一切痛苦的根源，所以要從根本上止息痛苦必須放下我執，建立空性的見解。在這篇文章中我沒有談到空性，我認爲對大多數人來說，證悟空性還有待時日，而在證悟空性之前，仍然有很多事值得去做，比如自律、助人，比如培養基本的倫理道德，參與建設有利於眾生共存的祥和環境等等，這些都能在一定程度上減輕眾生的痛苦，增加眾生的快樂。

我們一方面要在日常生活中最平凡、細微之處取捨善惡因果，另一方面要精進不輟聞思佛法，努力建立空性的見解。證悟空性之後，痛苦自然止息，菩提心自然堅固。

讓我們把修持善法的功德迴向眾生，願一切眾生離苦得樂！

希阿榮博

藏曆鐵虎年三月二十二日

二〇一〇年五月五日

頂禮本師釋迦牟尼佛！
頂禮大慈大悲觀世音菩薩！
頂禮大恩根本上師法王如意寶！

一、無常

儘管我們聽聞過有關無常的教言，明白萬事萬物時刻都在變化，人生不免在得與失之間起起伏伏，可我們還是難以接受生活以這樣猛厲的方式揭示無常的眞相。無常，爲什麼不能來得溫和一些？

災難，猝不及防。

時間也是空間，隔開了災難與我們。對大多數人來說，只有隔著適當的距離，才能把事物看得更清楚，而太近，會被情緒淹沒，太遠，就遺忘了。

無常似乎總是不夠溫和，因爲我們只有在面對強烈的痛苦、分離或死亡的時候，才會注意到無常。佛陀說諸行無常，一切和合的事物都是無常的。我們能理解這層眞理，但落實到個人體驗上，無常仍然是指事物不按我們的預期或喜好發展時，令人懊惱、憤慨的狀況。

說到底，我們還是不夠謙卑，不肯完全放下心中的傲慢和成見去認識無常。如果我們認爲某些無常是好的、溫和的、可以接受的，而某些無常是不可接受的，那麼我們並沒有眞正領會諸行無常的深義。

如果我們認爲某些人、某些物、某些現象理所應當比其他人、物、現象更具恆常性，那麼我們也沒有眞正領會諸行無常的深義。

地震後，有些弟子問我，爲什麼在全民信佛、寺廟遍佈的藏區也會發生這樣的災難？出於虔誠的信心，很多人會想：凡是與佛教相關的東西都應該能夠憑藉某種神祕的力量而逃脫無常的定律。

看來大家還是願意相信在二元認知的範疇內存在一個恆常的東西，期待自己敬仰傾慕的人，自己喜愛、熟悉的事物和狀況，永遠保持讓人滿意放心的那個樣子，然而佛陀希望我們明瞭：**一切有爲法如夢幻泡影，凡因緣和合的事物都會耗盡，都是無常的，沒有例外**。

即使佛陀本人也示現了疾病、衰老和圓寂。在佛陀的教法下，具足地道功德和神變的結集經教的五百阿羅漢，以及後世無數的大成就者，四大自在，水不能溺，火不能焚，遠離損害，最終也都一一趣入涅槃。

當年學者雲集、盛極一時的印度那爛陀寺，曾是佛法傳播的中心，後被外道侵佔、摧毀，如今只剩下荒野裡幾處殘垣斷壁。蓮花生大士開光的桑耶三層寶頂宮殿，遭受火災，毀於一旦。阿育王興建的佛塔，美輪美奐，現在也化成了風中的粉末，消逝無蹤。

佛陀傳下來的八萬四千法門，無數的經典，一部部都將失傳。光芒萬丈的教法，爲無量眾生帶來利益、引導我們究竟解脫的具有不可思議加持力的教法，終將示現湮沒在時光的長河之中。

三寶的護佑和加持，不是要強化自我和安全的幻覺，讓我們相信自己套上了一個「金鐘罩」，從此刀槍不入，水火不侵。懷著這種心態面對變化莫測的世界，我們只會更脆弱。

三寶的加持，關乎我們內心的轉化。不論透過何種形式表達對三寶的皈依，如果我們的內心因此而不斷地向著良善的方向轉化，空性的見解和菩提心不斷地增上，那便是得到護佑和加持了，因爲沒有什麼比這更能讓一個人的內心堅韌、寬廣。

有人說這次地震，震區的藏族人面對家破人亡，表現出了別樣的悲傷：沒有慟哭、沒有呼喊。街邊的廢墟提醒著地震的剛剛發生，而整個城鎮的氛圍卻是平靜的。

人們積極地自救，互相幫助。年僅幾歲的孩子靠著一雙手挖，硬是把壓在廢墟下面的奶奶救了出來；有的人自己家裡遭了災，失去了親人和房子，但是和活下來的人一起步行了近一個小時去幫助另一個朋友；帳篷醫院裡，年輕的母親用藏袍兜著一歲大的女兒，見有人向孩子表示友好，她轉過身讓小孩離問候的人更近一些。由於語言不通，她只回頭輕輕地笑，而她的丈夫在剛才的地震中去世了。

十一歲的鄔金丹增和三歲的妹妹成了地震孤兒，媽媽去世，爸爸不知在哪裡。他每天照顧受傷的妹妹，陪她玩，哄她睡覺。他說自己要想辦法養活妹妹。趁妹妹睡覺的時候，他去安置點的空地上和小夥伴踢球。他說：「如果我妹妹一醒，我就不能陪你們玩了，快點踢。」他背著妹妹去已成廢墟的家裡把媽媽喜愛的塑膠花挖出來。他希望媽媽在另一個世界裡過得幸福。

有的家庭誰也不提逝去的親友，但每晚睡覺前都各自躺在帳篷裡默默地念經，不想打擾其他人。人們以自己的方式懷念死去的親人。

大多數家庭都有親人去世、財產損失，有的一貧如洗，但是他們說：「只要別人會好，我們就會好。」

……

由於佛法的薰陶，在這片高原上生活的很多人，都能坦然地接受生活中一項基本的事實——無常。他們不認為事情必須按自己的心意發展才對。

有生就有滅，有聚就有散，這不過是事物平常的狀態。堅強或者脆弱，接受或者抗拒，生活都會繼續。在繁華中，在廢墟中，生活都在繼續。

關於無常，佛經中講過這樣一個故事：

佛陀在世時，有一位叫喬達彌的婦人，她年幼的孩子病逝了，她非常傷心，到處問有沒有藥能讓她的孩子起死回生。後來她找到佛陀，請求幫助。佛陀說，我可以爲你製這種藥，但需要特殊的配料。你去城裡找一户從來沒有死過人的人家，向他們要一些芥菜籽拿回來給我。於是，喬達彌高興地去城裡挨家挨户打聽，卻發現所有人家都曾有人去世。她終於意識到並不是只有她一個人遭受失去親人的痛苦。她再次來到佛陀面前，佛陀悲憫地開示：你以爲只有你在受苦，而事實是一切都是無常。

我們每天都在面對無常，都在面對痛苦和死亡。我不知道怎樣的痛苦和死亡才算溫和。也許是因爲我身份的關係，周圍認識我的人如果親戚朋友遇到不幸、災難之類的事，總會告訴我，希望我能給他們一些安慰和幫助，所以幾乎每一天我都會聽到一些「壞」消息。這給我很好的機會，讓我熟悉人間的苦難、世事的無常，也讓我迫切感受到修行的重要。

大多數人面臨死亡，不論何種形式的死亡，都是身不由己、極度惶恐的。他們所有的知識、技能、思想都只能應對現世的、與生相關的問題，而死亡是什麼，該怎麼辦，他們很少考慮過。

人的一生即使不經歷大災大難，也是很短暫的，幾十年轉眼就過了。也許是日子太平靜，人們輕易就忘記老之將至，死亡不可避免。不要說年輕人，連很多老人也是這樣，好像相信自己能夠一直活下去。

前年春天，我在札熙寺見到那裡的老喇嘛日嘉，八十歲了，修行還是不怎麼精進。他可能覺得自己是索南嘉措上師的外甥，與眾不同，不必爲死後能否解脫的事擔心。我當時說了他一頓：「死亡近在眼前，你一定要抓緊時間修行。」沒想到當年秋天，他就去世了。由於長期接受佛法的教育，面對生活中一般的變化和痛苦，我想日嘉喇嘛應該能夠坦然處之，但死亡是極其劇烈的變化，伴隨巨大的恐懼和痛苦，我不知道沒有做好充分準備的他該如何面對。

面對死亡，順利地走過死後中陰的陷阱，是藏族人生命中的大事。

只有修行成就很高的人才能做到死生自如，在死亡來臨時自主地決定何去何從，而一般人在感受到死亡的劇烈痛苦時都不免驚慌失措，全然忘記平日的修行，喪失對中陰境相的判斷力而誤入歧途，失去解脫的寶貴機會。這個時候，如果有人在一旁安慰、提醒、指導亡者克服死後的驚恐，鎮定下來，清晰無誤體認自性之明光，或者辨認其後出現的諸佛菩薩清淨剎土之顯現，那麼亡者即可獲得解脫。誠信佛教的藏族人在親友死後，一定會想辦法爲亡者超度，幫助他們順利度過死後中陰這個至關重要的階段。

這次地震中，家裡有人不幸遇難的話，活下來的其他人首先考慮的不是自己有多悲痛或者以後的日子怎麼過，而是一定要想盡辦法找到亡者的遺體，為他們超度，因為活著的人還有機會修行，還可以繼續為解脫做準備，而死去的人若不能把握住這次機會，再循業流轉，以後還有沒有這麼好的解脫因緣就很難說了。

無論天葬、火葬或其他喪葬形式，都有特殊的超度儀軌和安排，不是簡單地把遺體處理掉。對佛教徒來說，幫助親人獲得解脫就是對他們最有力、最有意義的關懷。

人生短短幾十年，我們要面對大大小小無數次的變故，要一次一次痛苦地面對親友的離世，最後是自己離世。

如果能認眞把佛陀的教言融會於心，我們的人生也許會更從容一些。

二、因果

每一件事的發生，都是眾多因果關係共同作用的結果。

由於認識能力的侷限，我們往往只能看到無限的因果相續中有限的某個片段。當事物的來龍去脈在空間或時間的跨度上超過了目前的認識範圍，人們很自然就會懷疑是否凡事眞的有因有果，可是我們要知道，細說從頭，連神通廣大的阿羅漢也不能完全說清楚啊！

據說佛陀有一位叫周利盤陀伽的弟子。他當初想出家，卻被佛陀的其他弟子攔在門外。佛陀問：「爲什麼不讓他出家？」那些弟子都是有神通的阿羅漢，對佛陀說：「觀察過這個人，他五百世都沒有跟佛結過緣。」佛陀就說：「你們只能看到五百世之內的因緣，五百世以前他曾投生爲一條狗，無意間供養過我，跟我結了緣，所以這一世會跟我出家學法。」

南瞻部洲是業力之地，投生到這裡的眾生，絕大多數是被往昔的業力牽引而來，所以這一生的際遇不僅與此生的身心活動有關，而且反映出前世的行爲所產生的後果。

有些果報的起因可能要追溯到幾世、幾百世之前，但是不論時間隔多久，果報都不會自動消失。以惡業來說，清淨惡業主要有兩種方式：主動地積植德行、懺悔、清淨業障；或者被動地等因緣成熟、果報顯現，顯現後因果自然了結。

當年舍衛城的帕吉波國王率軍進攻釋迦部落，大肆屠殺釋迦族人。佛陀的聲聞弟子中神通第一的目犍連尊者爲了保護佛陀的親人，用神力把他們裝在鐵鉢中舉到半空，以爲這樣就能躲過劫難，可是等敵人退去，鐵鉢拿下來一看，裡面血肉模糊，所有人還是死了。可見因緣一旦成熟，沒有什麼力量可以阻止果報顯現。

即便是斷除一切業惑障礙的佛陀和阿羅漢，顯現上也要感受自己的業果。在帕吉波國王殺戮釋迦族人的同時，佛陀也頭痛起來。眾弟子請問原因，佛陀說：

以前釋迦族人以捕魚殺魚爲生。一天，他們捕到兩條大魚，沒有立即殺死，而是把牠們繫在柱子上。兩條大魚感受無法忍受的乾燥之苦，在地上輾轉翻跳，牠們發願將來一定要報仇。以此因緣，兩條大魚後來轉生爲帕吉波國王和瑪拉洛大臣，被殺的其他魚類轉生爲兩人的士兵。今天他們要將釋迦族斬盡殺絕。我當時投生爲一位漁夫的小孩，看到那兩條大魚受苦的情形，禁不住笑了起來，以此業力感得今天的頭痛。假使我現在沒有獲得功德圓滿的佛果，今天也將被帕吉波國王的軍隊殺死。

這個世界看似千頭萬緒、混亂無章，充滿不可思議的巧合和令人費解的衝動，但其實每個人都被業力牽引，各自造作因緣，各自感受苦樂的果報，不會有錯漏。

這次地震，我聽說有一個叫香巴的德格生意人，在玉樹安家落戶。不知爲什麼，地震那天凌晨三點，他突然跑出家門到外面的旅館去住。地震時，他家的房子完好無損，家裡人都沒事，他住的旅館卻塌了，他被壓死在裡面。香巴的妹妹怕後面的餘震傷到孩子，決定帶孩子回德格老家，誰知就在臨行前與親友告別時，她一不留神，孩子被車撞死了。另一個我認識的人，在地震時卻是因爲外出住旅館而逃過此劫難。像這樣的故事還有很多很多。

業是動態的。在梵文中，業的原意是「行爲」，行爲產生後果，後果引發新的行爲，如此因因果果前後相續，構成一股勢能，不斷有新的因緣加入其中。雖然其整體趨勢很難改變，但新的因緣（即新的行爲）卻能增強或削弱它的力量。

比如有一些人今生修持善法、修習空性，本來後世將轉生惡趣的業便在今生成熟，在投生爲人尚有取捨善惡的自由時感受惡報的痛苦，了結一段惡性因果，以後便不會再受此一報。同時，因爲此生受惡報時，內心懷著善意的發心，也就開啓了新的良性因果。

如果新的因緣本身力量夠大，完全改變業的趨勢也不是不可能的。就像密勒日巴尊者最初造罪業，本來一定會墮入地獄，但他後來以常人難以想像的堅強毅力和堅定決心，精進修持正法，不但沒有墮入地獄，反而即身成就了佛果。

當我們看見別人在災難中死亡、受苦，不要認爲這一切都是無緣無故、偶然發生的，也不要想那是他們咎由自取。

有些人可能是佛菩薩，以死亡和苦難這種特殊的方式向我們示現無常、無我和慈悲。有些人透過積植德行、修持正法而改變了往昔的因果，重罪輕罰。有些人了結了某些因緣，將要去往別的剎土……。

世間萬象如此複雜深奧，我們需保持謙卑，以及探究眞理的熱情。

三、共存

爲什麼會有災難？

希望我們問這個問題，是出於對眾生共同命運的憂慮和對人類自身行爲的反省，而不是想找一個責備的對象。

我們生活的這個星球好像從來就不缺少問題，天災人禍未曾間斷過。翻開報紙，每一天都有災難、衝突、搶劫、淫亂、詐騙的消息，每一天都有人因此死去、受苦，而我們總要等到災難近在咫尺，才會意識到問題的嚴重。

這正是癥結所在：我們只關心自己，以及周圍極其有限的空間裡的幾個人、幾件事。在這個小圈子以外所發生的事情，不過是又一則新聞而已。有人遭受災難，經歷痛苦和死亡，又不是我們造成的，再說，我們又能做什麼呢？

相信自己與萬物是分離的，這樣一個錯覺強化了人心的冷漠，讓人不覺得自己應該對他人、社會和整個世界承擔什麼責任。

的確，現在人們的生活越來越依賴機械和只要花錢就能買到的服務。很多事情，以前可能需要一家老小齊上陣，甚至呼朋喚友一起來做才能做好，現在只需打個電話給專業公司就行。這當然有其積極的一面，我們的生活更方便、獨立了，但同時，我們也越來越難得有機會在商業關係之外與他人交往、交流。

現在的人不善於建立、發展友誼，交往的圈子很小，除了同事、家人外，沒有多少朋友。而實際上，朋友之間相契相投、可以分擔憂愁、分享快樂的這種關係，對我們的人生來說非常重要，也是其他很多關係的基礎。

人們把擁有盡可能大的獨立性看成是人生成功的標誌，有自己的車、自己的房子、自己的辦公室等等，盡可能地不需要別人。有人因此認爲能否過得幸福快樂完全是自己的事，與其他人沒有什麼關係，只要自己有能力得到想要的東西就行了；至於其他人是否過得幸福，則與自己無關。

另一方面，與自給自足的農業社會相比，現代社會裡人類的相互依存度實際上是更高了。我們生存的基本條件——衣、食、住、行，每一樣都依賴他人的勞動。城市化意味著人口不斷密集。無論是工作還是生活，我們都越來越多地與其他人共用同一個狹小的空間，每個人的言行影響到自己，也影響到其他人的生活。**合作共存，不僅是出於良善的願望，更是出於生存和發展的需要。**

這樣就出現了一個矛盾：客觀上，大家比以前更加相互依賴、互為影響，在地球的這一邊，一小群人的活動所產生的後果，會比以前更快速、更明顯地影響到地球另一邊的人；而主觀上，大家以為自己很獨立，可以不需要別人，也不必替別人著想。

人人都希望過幸福美好的生活，這本無可厚非，但是在追求幸福的過程中，我們要考慮到給其他人，不僅是現在生活在這個地球上的人，還包括以後要生活在這個地球上的人，以及與我們共用這個世界的動物，留出足夠的空間和可能性，去實現他們的幸福生活。

尤其是處於強勢地位的人，能夠調動更多的資源和方法去實現自己的目標，一旦出現問題也有更強的能力自保，因此他們更應該顧及其他人的利益。雖然情況變糟，所有人最終都會受到損害，但最先受到損害的是那些最無助的、處於弱勢的群體，而且這些人需要比別人更長的時間才能擺脫困境，從損害中恢復過來。

環境問題就是一個現成的例子。由於人們急功近利，無序、過度地開發，消耗資源，導致全球環境惡化。洪災、旱災、火山、地震、海嘯、冰層融化、氣候異常，這些代表災難的名詞輪流成爲每日新聞的標題。全世界的人都受到影響，而邊遠、貧困的國家和地區往往也是生態環境脆弱、基礎設施薄弱的地區，一旦出現災害、災難，那裡的人們沒有多少資源和方法可以保護自己，只能聽天由命。

我們曾經認爲天災和人禍是兩類性質完全不同的問題，但現在我們逐漸意識到兩者之間的界線其實並不是那麼明確。每一件事的發生都是眾多因果關係共同作用的結果。

我們不需要懂得深奧的佛理或成爲所謂唯心主義者，也能知道人的心理活動會影響外在的物質世界。因爲正常狀態下，人的思想會指導人的行爲，而人的行爲的結果是改變其生存的外部環境。

災難不是一朝一夕，也不是單純地由某一個原因造成的。自然因素當然發揮著重要作用，在災難爆發的一刹那，自然因素往往是主要的觸發因素，但壓倒駱駝的最後那根稻草不是駱駝背負的所有重量。探究深層的原因，災難背後總能看到人的身心活動所產生的關鍵性影響。

當然，社會學家們對各種社會活動及其與人、經濟和環境的關係，有專業深入的研究，他們絕對能比我這個外行更全面、準確地分析把握這些問題。我在這裡只是從一個沒有受過專業訓練的普通人的角度，談一談我的觀察和體會。

我發現，人們的生活條件不斷改善，身心的痛苦卻沒有越來越少。由惡劣的生存環境導致的疾病的確比以前少了，取而代之的是層出不窮的「現代病」（文明病）、「富貴病」，像高血脂、痛風、肥胖症等等。在經濟相對發達的地區，人們的精神壓力也普遍較大，失眠症、憂鬱症的發病率非常高。我們知道，巨大的精神壓力不僅帶來心理上的痛苦，也是眾多生理疾病（如心血管疾病、腫瘤等）的重要誘發因素。

我並不是說物質進步本身增加了人類的痛苦。如果大家都回到原始社會去鑽木取火，不見得就會更快樂。認為棄絕物質進步就能解決人類的所有問題，是短視的，也是捨本逐末，根本就沒抓住問題的根源。但現代社會的大多數人卻陷入另一個極端：認為只要物質豐富了，一切問題就會迎刃而解，再不會有痛苦。所以人們貪婪攫取、惡性競爭，盡可能地佔有物質資源，以為這樣就能獲得幸福。

物質的確能給人們帶來滿足感，但僅限於感官上的滿足，也就是眼耳鼻舌身意、色聲香味觸法。而人之所以有別於動物，卻在於他不僅需要感官上的滿足，還需要精神上的滿足。

在這個時代裡，除了物質資源，人們還試圖透過擁有更多的智力資源來獲得幸福感。高學歷、高智商被視爲人生成功的一項標誌。雖然無知不一定就會過得幸福，知道得多也不能保證過得幸福。事實上，很多人每天瀏覽大量資訊，收發無數郵件、簡訊，不停地接打電話，心裡還是焦躁不安，害怕錯過了什麼而被社會邊緣化。

我們生活中的一些問題，透過消除貧窮和無知就可以解決；但很多情況下我們陷入苦難，更深刻的原因在於長期以來對精神世界的忽略。**眞正持久寧靜的快樂不是向外馳求得到的**。

如果繼續忽略精神修持，我們的問題，無論是外在的戰爭、暴力、災難，還是內在的情感和心理危機，都無法從根本上得到解決。

四、自律

我所理解的修行，不是去追求神祕的體驗或爲獲得某種超常的功能。修行是修養仁愛、寬容、謙讓、與人爲善等能爲自他帶來安樂的精神品質，也就是說，要關注其他生命的福祉，並且自覺調整自身行爲讓其他眾生感到安適快樂。所以，修行有兩個不可或缺的方面，一是替其他眾生著想，二是爲此而採取轉化內心的實際行動。

我們能對他人的喜怒哀樂感同身受，這種能力與生俱來。看見另一個生命受苦，我們會本能地生起惻隱之心，儘管不是所有人都表現出強烈的同情、憐憫並實施幫助的行動。

比如地震發生後，很多人看見災區的照片會情不自禁地流淚，很多人自發地動起來進行援助，大家在第一時間的反應都是驚懼和傷痛，那也正是震區人的感受。大家發自內心地感覺到與震區人、與所有擁有愛心的人之間那份緊密連結。在那個時刻，不必是佛教徒，大家也能眞切體會什麼是悲心。

當然也有人表現冷漠，這並不是說他們就沒有惻隱之心，相信他們看到流血傷亡的情景，也會感到不安、不舒服，會下意識地閉上眼睛或把目光移開。

不忍心看見另一個生命痛苦，這就是惻隱之心。在此基礎上進而參與、分擔另一個生命的痛苦，就是悲心了。**悲心是我們本具的能力，雖然我們有時候也表現得自私冷酷，但這種能力始終存在。**

災難來臨的時候，作爲普通人，我們能做些什麼呢？

我想，儘管不是所有人都能夠直接參與救死扶傷的援救行動，但是至少我們可以在情感上分擔他們的痛苦，讓他們感到被關注、被關愛、不孤單，沒有被遺棄。

爲亡者念經超度也是這種分擔的表現，我們陪伴亡者走過中陰，分擔他們的恐懼和孤獨。

大家可以設身處地想一想，如果自己受災會需要什麼，首先當然是物資：吃的、住的、用的，同樣重要的是，還需要關愛。

被關愛不僅是心理的需求，也是生理的需求。從小到大，每個人都需要被關愛才能生存、成長、健康地生活。對於別人的善意、關愛，我們似乎天生就能領受其中的美好。任何友善的表示，不管多麼微小，哪怕是陌生人一個眞誠的微笑，也會觸動我們的內心，讓我們感到欣喜。所以，由己及人，我們要盡其所能去關心災區的人，持續關注他們的問題，分擔他們的痛苦。

從長遠來說，我們若眞心替別人著想，首先需做到自律。

不僅在別人遭災的時候幫扶一把，而且更切實地在平日生活中時常檢討、克制那些會給自他帶來痛苦的身心行爲，這樣才能從根本上減少人與人、人與自然、群體與群體之間的矛盾衝突，使大家享有一個更和諧的生存空間。

只有整體的生存環境和氛圍祥和了，人們才能有更平等的發展機會，透過自己誠實的勞動去創造美好生活。這一點對於包括災區人在內的所有弱勢族群來說，尤爲重要。

身體的行爲主要由心決定，我們如果能夠調伏內心的負面情緒和思想，外在行爲自然會隨之改變。負面情緒是指會給自他帶來痛苦的內心活動，如憤怒、仇恨、嫉妒、貪婪，以及焦慮、抑鬱、恐懼等等。

我沒用大家熟悉的「煩惱」一詞是因爲：首先，煩惱涵蓋的範圍更廣，包括未圓滿覺悟的眾生因無明而起的所有行為；其次，也是更重要的一點，無論是「五毒」、「三毒」、還是其他煩惱，我希望大家都能把它們看成是情緒、感受，而非心的本性。說「煩惱」，大家也許不自覺地就往本性上靠，覺得心本身是煩惱的；說「情緒」，不用提醒，大家也知道是表面的、波動的，只不過有些情緒出現的頻率非常高，能量也很大，不容易克制。如果憤怒是我們的本性，我們就不可能有高興的時候，但事實不是這樣。我們不僅能高興，而且在生氣的時候還能知道自己在生氣，這說明意識與情緒不完全是一回事。我們是有可能有意識地去控制和調整負面情緒的。

自律的第一步是覺察。留心觀察自己身、語、意的活動，觀察負面情緒是怎樣發展起來的，它的破壞性、欺騙性何在。即使像憤怒這樣狂暴的負面情緒，也有一個逐步發展的過程，也需要各種條件才能產生和壯大。如果我們能了解這些，就有辦法克制、削弱、化解憤怒的情緒。

我們每個人身上都會顯現很多負面的東西，對此保持敏感、警醒，是我們一輩子都要去做的事。然而，大多數人對待負面情緒的態度都是聽之任之，反正遲早會過去，那就等它自己過去好了，何必那麼認眞地對治。這主要是因為沒有認識到負面情緒的破壞性，它使我們失去對整體局面的判斷力而愚蠢地陷入憤怒、嫉妒或惶恐中。在這種狀態下，我們很難做出明智的決定和行動，很難照顧到自他的利益，甚至會使自己和他人處於危險的境地。

負面情緒的一個特點是，如果你不對治它，下次它再出現時能量會更大。如果你一直不加以對治，它就會慢慢擠走其他的情緒，使你的情感世界成爲它的天下。不論你遇到什麼情況，你都會習慣性地訴諸一兩種負面情緒，比如一個愛生氣的人即使遇到本該高興的事，他也能找出讓人生氣的理由。我們往往會認爲這種人本性如此，其實他只是每次在惱怒的情緒生起時沒有認眞加以對治。他的心本身並不是一顆憤怒的心。

負面情緒會破壞我們內心的安寧，有些是短暫的，有些更持久，而這種更持久的破壞往往也來自我們自己對負面情緒的看法。比如當我們身陷危險中，恐懼可能讓我們更加警覺、靈敏，做出一些在平常狀態下無法做到的事。這種恐懼對我們的身心不會造成很大的傷害，有時甚至能化險爲夷，但是如果我們左思右想，抓住恐懼感不放，還不斷添加豐富的想像，心裡只會越來越害怕，最後完全被自己製造的恐怖情緒淹沒。仇恨、悲傷、焦慮等等也都是這樣。

人們常說凡事要想開一點。想開一點就是不強化對事件和情緒的負面認知，不在心裡編故事誇大、加重感受。**自律的一個重要方面是不讓自己沉浸在對人對事的無益想像中。**

我們根據自己的經驗可以知道，情緒具有傳染性。當一個人情緒不好的時候，周圍的人都會受到影響，大家先是感到心裡不痛快，接著不知不覺中傳染上壞情緒，繼而又把壞情緒傳給別人。久而久之，大家就會共同形成一種慣常的氛圍，可以是家庭氛圍、工作氛圍，也可以是更廣泛的社會氛圍。

比如你早上出門坐計程車，下車時司機找零找給你一張假鈔，但你後來才發現，心情一下就變得很糟，到公司臉色還沒緩過來，跟你打招呼的同事就會想是不是你對他有意見。他心裡有氣，轉身就把氣出在正好進門的快遞頭上。快遞沒頭沒腦地被人訓斥，很不服氣，騎著摩托車在路上也就沒那麼有禮貌了，轉彎時搶行一步，一輛轎車躲避不及撞上前面的車，兩位轎車司機開始互相指責……再說你收到假鈔，很自然的反應就是想辦法花出去。那位計程車司機也是從前面的乘客那裡收到假鈔，他也是被騙了，他又接著騙你，你被騙了，轉過頭來又想著騙別人。你們平時都是和氣、誠實的好人，可是在壞情緒的傳染、影響下，卻侵犯性十足地生氣、遷怒、互不相讓，甚至騙人。如果大部分人都這樣，就會形成一種焦慮、不信任、自私、粗暴的氛圍，在這樣的氛圍裡生活，大概沒有人會感到幸福。

負面情緒具有欺騙性，它讓我們相信可以從中得到保護和滿足。很多時候，我們發怒是因爲覺得這樣我們會更強大，可是你看辯論中，往往是理屈詞窮、眼看敗局已定的那一方先失去耐心、甚至開始攻擊謾罵。同樣的，傲慢恰恰暴露的是一個人性格的不成熟和內涵的不夠豐厚。沒有什麼比貪婪更具欺騙性，我們總以爲自己不快樂的原因是擁有的太少或想要的沒得到。雖然正當合理的需求與過度奢求之間的區別不是三言兩語能說清楚的，也沒有一個統一的標準，但如果我們更關注的是得到某種東西或實現某種狀態，而不是這個東西、這種狀態給我們帶來的快樂和滿足，我們就該小心，不要被貪婪牽著鼻子走。比如我們要生存就必須吃東西，但是如果我們關注的是吃而不是吃飽，就很容易吃過頭。過度飲食的結果不是強壯身體，反而給身體帶來損害。

對負面情緒進行仔細觀察，我們會慢慢發現，負面情緒的存在直接意味著幸福感的缺失。**沒有自律，無論是創造自己的幸福生活，還是創造大家共同的幸福生活，都不會有太大的效果。**

然而，自律不是壓抑情感，不是遵循強制的規定，也不是要做出一副道德楷模的樣子給人看。自律的動機是考慮他人的感受，不希望因爲自己的不當行爲給他人帶來傷害，讓他人痛苦。作爲佛教徒，我們遠離十惡業，守持居士戒、別解脫戒，都是出於這個目的：不傷害。

五、慈悲

幸福感源自內心的安寧，而僅僅克制負面情緒尚不足以建立強大、平和的內心世界，我們還需要主動去培養正面、積極的心態和情感。

像前面講到地震過後，大家慷慨地向災區伸出援手，與災區的人們共度難關。其實，大家克服的不僅是外在的自然災難，也是自己內心的消極面；建設的不僅是外在的家園，也是自己的精神家園。

有一位五歲的小朋友回到家不好意思地對爸爸說，她今天不夠堅強，在幼稚園哭了。爸爸問她爲什麼。她說，因爲想到了災區的小朋友。這位父親後來說：「女兒的善良讓我感到驕傲、幸福。」

地震帶來了巨大的苦難，但人類美好善良的情感卻能夠化解心中的苦難，僅僅是一念同情也是一股淨化人心的力量，讓我們的人格不斷成熟完善。

每個人都有善良的一面，關鍵是我們要知道怎樣去激發和培養這些會給自己和其他人帶來幸福感的品質。

佈施是突破自我侷限性的有效方法。有人把佈施比作是贈人玫瑰，手留餘香。佈施中，受者、施者雙方都會獲得利益：受者免受匱乏之苦，施者也從中收穫了喜悅和自尊。佈施有很多種，像大家給災區捐款捐物就是財物佈施。這不是只在災難中才能去做的事，日常生活裡，我們照樣可以佈施，比如資助貧窮的人和其他處境不利的人，幫助那些沒錢上學的孩子，讓他們有機會受教育。

不要覺得非得有多大的財力才能去佈施，關鍵不在財物多少，而在發心是否眞誠。佈施不是爲了做給別人看，所以它甚至都不必與所謂慈善行爲掛鉤。你可以特意繞道去關照社區門口那家速食店的生意，也可以爲了創造一個就業機會而請保姆來家裡幫忙。很多人都生活在匱乏之中，需要改善生活，但並不是所有人都願意接受施捨。給別人一個自食其力的機會，從廣義上來說也是一種佈施。

我們不僅可以捐助財物，還可以貢獻時間和精力去幫助有需要的人。我知道，很多人去災區做志工，照顧傷患，協助溝通。災難過後，我們的社會仍然需要這種志願服務，幫助孤兒、殘疾人、孤寡老人、流浪者。這個世界的問題不僅是貧窮和饑餓，還有孤獨和冷漠。

佛教中有法佈施，就是爲人講解佛法，讓人獲得利益。其實我們可以從更廣泛的意義上理解法佈施。就思想而言，凡是符合四法印（諸行無常、有漏皆苦、諸法無我、涅槃寂靜）的思想都可以納入佛教思想的範疇；就行爲而言，凡是棄惡揚善的行爲都是佛教宣導的行爲。

所以，勸人行善，在別人有困難時給予安慰、鼓勵，幫助他們樹立積極的價值觀、人生觀，使他們成爲更有愛心和責任感、人格更完整的人，這些都是法佈施。

佈施讓我們學會放鬆，不再把一切都緊緊抓在手中，也不再只關注自己。我們驚奇地發現：**原來給予是會讓人感到豐足而不是貧乏的**。

佈施的目的是學習放下對自我的執著，從而更好地幫助別人，所以佈施的發心很重要。如果是爲了做秀或者競爭，那麼佈施反而強化了對自我的執著，並且施者從中得到的快樂和自尊也會極其有限。

我們一直以來都有很強烈的貧乏感，覺得自己各方面都不夠令人滿意。這種情況在現代社會表現得更爲明顯，尤其是在大城市，人們或多或少都被一股莫名的焦慮、不滿困擾。

這背後的原因很複雜，不過我想一些看起來簡單的方法也許會有所幫助，比如學習欣賞自己生活中的亮點。情緒低落的時候想一想其實自己還不是很慘，至少還有一個人關心我，還有一個地方可以棲身，還有一份工作，自己也不是一無是處，唱歌不錯，還會修電腦，也曾經做過好事，比如在公車上讓座……多想想自己的優點，心情會開朗些。

樂觀、知足是現代人很需要去培養的心態，否則，面對競爭的壓力、各種各樣的選擇和誘惑，生活很容易便會失去平衡並籠罩在焦慮的陰影中。調整心態從來不是件容易的事，但爲了自己和其他人的幸福，我們應該努力去做。

有時，我們的悲慘處境可能完全是自己想像出來的，實際情況並沒有那麼糟，但即使是眞的陷入困境，也要學會忍辱。

忍辱指不畏艱難，能夠忍耐並有勇氣克服困難，同時對一切，即使對有可能傷害自己的人，也不失去慈悲心。

講到不畏艱難，人們總認爲那主要與意志力有關。的確，有人僅憑堅強的毅力就可以挺過難關，但這不是我所說的忍辱。忍辱是因爲了知事情的緣起、因果，而坦然接受自己的處境，這與怯懦完全不同。**忍辱中的勇氣也不是來自意志力，而是來自內心的柔軟和開放**。在生活困難的打擊下，努力不讓內心變得僵硬麻木，就算在最艱難的時刻，也要努力保持心中的善意。

地震中有一個女孩子在廢墟下壓了十幾個小時，被救出來的那一刻，她對營救隊員說：「打擾你們了，我一輩子都不會忘記你們。」很多人被女孩子的話深深打動，也有人說她只是漢語表達能力不好，情緒激動之下詞不達意。也許她眞的漢語不夠好，用詞不夠準確，但是她要表達的意思是很明顯的：給大家添麻煩了，她感到很抱歉！在這種情況下，這位可愛的女孩沒有想自己是多麼不幸、無辜，她滿懷謙卑地向別人表達著心中的感激和善意。

因爲忍辱，我們在困難中才不會輕易被負面情緒擊垮，而是保持判斷力，採取適當的、平和的方式解決問題，避免進一步的傷害。忍辱也讓我們寬容、理性，與人融洽相處，建立友誼。所以，**忍辱的另一層涵義是容忍**。承認世界的多樣性，尊重分歧和不同，這的確很難，因爲人人都只想改變別人，不想改變自己。

轉化內心是艱難的，無始以來形成的頑固習氣不是一朝一夕能夠改變，我們要學會忍辱，忍受、克服修行路上的困難挫折，心中始終不忘我們的目標是有情衆生都遠離痛苦、獲得安樂。

願逝者往生西方極樂淨土！願透過我們的善心善行，爲生者創造一片人間淨土！

附言：玉樹的簡短開示

二〇一〇年四月十四日清晨，青海玉樹發生強烈地震！

幾天來，面對不斷上升的傷亡數字，相信所有人都越來越悲痛。災難讓我們更清醒地認識到生命的無常和憂患，也讓我們更懂得出離心、慈悲的意義。

大災當前，我們要積極向災區人們伸出援手，盡己所能地幫助他們。喇榮五明佛學院在地震發生後迅速做出反應，捐款捐物並組織救援隊，學院主要的堪布、活佛和管家大都加入了救災第一線。到目前爲止，已有近千人進入災區，在廢墟中找人救人，爲遇難者念經超度，給饑寒交迫中的生還者送去食品、棉衣被以及精神上的安慰。我身邊的很多人，我所知道的其他很多寺廟、道場，也都在第一時間援助災區。

對那些在災難中失去生命的人以及正在遭受傷痛折磨的人，作爲佛弟子，我們還要以佛教特有的方式爲他們修持善法，願憑藉善法的功德和三寶的加持，逝者能夠往生，生者能夠早日脫離苦難。

大慈大悲的觀世音菩薩是十方諸佛無量悲心的化現，若在災難來臨時不退失對三寶的信心，至誠念誦觀音菩薩心咒，持誦觀音菩薩聖號，觀音菩薩一定會聞聲救度，爲眾生拔除苦難，因爲這是觀音菩薩往昔發下的殊勝大願。

我因疾病在身不能前往災區，雖然靠喇榮佛學院的師兄弟以及扎西持林的道友們幫忙，我也得以向災區同胞獻上自己微薄的心意，但我仍然安不下心來，我想在後方爲他們多做一些事情。所以自地震日起四十九天內，我希望與大家共修觀音菩薩心咒「唵嘛呢唄美吽」和觀音聖號，這將有助於亡者早日離苦得樂，最終往生西方極樂世界。

除了念誦觀音心咒之外，大家還可以根據自己的具體情況放生、供燈或行持其他善法，把功德迴向給所有因災難而感受痛苦的眾生。

發心參加這次共修的人可以透過網站報名，將每個人有限的功德最終融入共修的功德大海，幫助眾生，利益眾生。這樣的善行會讓我們短暫而無常的人生更有意義。

讓我們一起祈願所有眾生遠離苦難，祈願所有眾生都能得到觀音菩薩的加持，趣入善法，願災難永遠不再降臨！

唵嘛呢唄美吽！

希阿榮博

二〇一〇年四月十六日

第二部

佛 門

我們尋遍整個世界，發現佛法可以讓我們的心得到安樂。

1
入佛門

在北京養病期間，我接觸到了一些人，他們當中有的是剛剛皈依的佛弟子，有的是對佛教的慈悲心、菩提心等教義非常嚮往，但因為對佛教缺乏了解，至今還沒有皈依三寶。所以，我想就「皈依」以及「我們為什麼要皈依三寶」，給大家講一講。

我們今天所處的時代，科學技術高速發展，物質生活也非常富足，但生活在這個世界上的人看起來並不安樂，物質的富足無法從根本上消除人們內心的痛苦。大家主要生活在城市，關於這一點比我的體會更深。

我們尋遍整個世界，發現佛法可以讓我們的心得到安樂。

我從小生活在藏地，在我的家鄉，藏民們生活非常貧困。在追求富足的生活這一點上，藏族人與漢族人沒有什麼不一樣，但因爲那裡的人們信仰佛教，由於佛法的加持，大家的心都非常安樂。夏天，在美麗的草原上，到處都能看見藏民們自發地聚集在一起唱歌、跳舞，無比快樂，而在其他地方很少會看到這樣的景象。

近年來我還聽說在其他地方，每年都有很多人因爲各種各樣的原因自殺，而且自殺的數字還在逐年增加。這個世界上眞正不怕死的人可能一個也沒有，但用結束自己生命的方式來擺脫現世，可以看出這些人心裡承受著怎樣的痛苦！在藏地，這種事以前從來沒有聽說過，我想這肯定和藏族人信仰佛教有很大的關係。所以我希望大家不管是不是信仰佛教，爲了能讓自己的心獲得暫時與究竟的安樂，最終得到眞正的解脫，至少應該先了解一下佛教。

作爲一名佛教徒，我很清楚地知道佛教絕不是像有些人所講是迷信、虛無的。恰恰相反，由於我們的本師釋迦牟尼佛的無量悲心與深廣智慧，他的教法對所有眾生都有極大的幫助，特別是在我們面對死亡的時候。

一個人如果沒有學習佛法，不管他多麼富有，也不管他怎樣地位顯赫，在生死關頭，他所擁有的一切都不能讓他得到眞實的利益。

前幾天一個在國外留學的女孩來見我，她今年只有十七歲，她告訴我，她同學的父親是一個在世界上非常有地位和聲望的人，他們家很富有，吃穿住用可以說是這個世界上最好的。不久前這位父親查出患有白血病（又稱血癌），全家人非常難過，尤其是病患本人，終日生活在死亡的陰影裡，極度恐懼，痛苦不堪。此時此刻，他一生積累下來的財富、得到的地位，不但無法讓他的痛苦有絲毫的減輕，反而因爲執著，讓他更加痛苦。

看到這些，這個十七歲的女孩深有感觸：很多人都會將財富、地位當作人生的目標並爲之奮鬥，但當我們不得不離開這個世界的時候，財富與地位不會有一絲一毫的幫助。

所以她將來絕不會像她所看到的大多數人一樣，用盡全力去追求金錢、地位，她要回國過簡單的生活，努力修學佛法，尋求眞正的解脫。女孩的家庭條件非常好，成長也一帆風順，但她在這個年齡就能對人生有這樣的感悟，的確讓我驚訝不已。

我們今天在座的大都是成年人，閱歷比這個女孩要多很多，我們就更應該知道取捨。一個人用盡一生去追求名利，但在生死關頭，名利遠不如一句觀音菩薩心咒有加持。

相反的，如果一個人眞正地將佛法作爲自己一生的信仰，信心始終不退，就一定會得到上師三寶不可思議的加持，在面對死亡時也會非常從容。

我在福建有一名弟子，幾年前皈依後修法非常精進，對三寶的信心日益增上。前年她被檢查出罹患癌症，而且是晚期，在生命快要結束的時候，因爲佛法的加持，她並沒有驚慌失措，而是利用有限的時間把自己身後的一切安排妥當，包括平時供養的佛像等全部結緣給了道友，只留下一張上師的法像放在枕邊。她擔心自己在彌留之際可能會神志不清而對往生產生障礙，就決定不讓醫生打止痛針以便能隨時保持清醒，同時囑咐家人在最後時刻不要讓她最執著的外孫出現在她的病床前。家人雖然不信佛，但還是按照她的要求做了。

臨終時，她的女兒給我打來電話，說母親快要不行了，我讓她女兒把電話放到她的耳邊，透過電話爲她念誦了頗瓦法和佛菩薩的名號，大約三十分鐘，家人看見她雙手合十，表情安詳，順利往生。見此情景，她本不信佛的女兒、女婿等家人也對佛法生起了巨大的信心，我再次去福建時，她們全家都皈依了三寶，和她一樣也成爲虔誠的佛教徒。

我講這兩個故事的目的是想告訴大家：在不久的將來，我們所有人都不得不面對死亡，而從上面這兩個人在死亡面前的表現可以看出，佛法眞實不虛，佛法的加持不可思議，特別是我們在人生最關鍵的時候，依靠佛法可以幫助我們走向解脫。

所以，爲了我們這一世得到眞正的安樂，將來往生西方極樂世界，我眞心希望大家都能認眞地學習佛法。

學習佛法最初應當皈依三寶。

我以前也聽到過很多人講：我只要做到心中有佛就行，沒有必要一定要走一個皈依的形式。

「心中有佛」很好，這肯定是往昔與佛法結過緣、積累了很多善業的顯現。但僅僅是心中有佛，還不能算作是眞正的佛弟子。

皈依的儀式，對於一個剛剛進入佛門的人來講是無法省略的，大家可以想一想，當我們懷著一顆虔誠的心來到上師面前，平生第一次向莊嚴的佛像頂禮供養，然後雙手合十，一面跟著上師念誦皈依的儀軌，一面心中發願自此以後生生世世皈依上師、皈依佛、皈依法、皈依僧的時候，我們的心在此時肯定會發生很大的轉變。而如果沒有皈依，你還不能算是一個眞正的佛教徒，得不到皈依的戒體。

當年印度的大成就者阿底峽尊者講道：「皈依的戒體是居士戒、菩薩戒和密乘戒的基礎（注：居士戒、菩薩戒、密乘戒也一定要按照儀軌受持）。」沒有皈依戒，所有的戒體都無法得到，而沒有這些戒體，很多法就修持不了。不修持佛法，佛法不會無因無緣地流入自己的相續，這樣也就無法得到解脫。所以，如法皈依是開啓一切正法之門。

阿底峽尊者還曾說道：「內外道以皈依別。」尊者來到藏地後，幾乎在所有的法會上都要首先宣講皈依，以至於被人們稱爲「皈依班智達」。阿底峽尊者是印藏兩地公認的持教大德，也是在藏傳佛教中開創佛法後弘期的領袖，這樣的大成就者都如此重視皈依，可以看出皈依對於一個學佛人是多麼重要。

還有一些人因爲擔心皈依後會像出家人一樣什麼都不能做，而不敢皈依。有這種想法是因爲不了解皈依的戒律。

皈依的戒律是釋迦牟尼佛爲了讓凡夫最初趨入佛法而制定的，內容非常簡單，也很容易守持，可以說任何一個心中尋求解脫的人都應該能做到。

皈依的條件中最主要的就是對上師三寶生起不退的信心，任何情況下，哪怕是自己的生命受到了威脅，也不捨棄上師與佛、法、僧三寶。有了這樣的信心和決心，就具備了皈依的基本條件，便可以皈依。

如果在皈依時心裡對三寶沒有真實的信心，只是在形式上磕個頭、領個皈依證、得到一個法名等等，我想這還不能算是真正的皈依。在藏地，人們手裡並沒有皈依證，但他們之中的大多數人都是非常虔誠的佛弟子，對上師三寶具有堅定的信心。所以大家在皈依時，首先應該讓自己眞正具足對三寶的信心，而不要過分強調形式上的東西。

我們平時所講的皈依三寶，是指皈依佛、皈依法和皈依僧：

皈依佛是將本師釋迦牟尼佛以及與釋迦牟尼佛一樣證得無上正等覺的十方三世諸佛，如阿彌陀佛、藥師佛等，作爲自己修行路上的唯一導師，除佛陀以外不尋求和皈依其他任何導師。

皈依法是將釋迦牟尼佛爲利益眾生而傳承下來的八萬四千法門，全部作爲自己修學的方法和道路，包括漢傳、藏傳以及南傳佛教的所有教法，除此以外不尋求其他的方法和道路。

皈依僧是指將釋迦牟尼佛教法下的出家人作爲自己修行路上的道友，除此以外不尋求其他的道友。具體地講，小乘佛法中，出家人四人以上可以稱作僧團；大乘佛法中，一個開悟的出家人或者在家人也可以稱爲僧寶。

皈依三寶後就正式進入佛門，成爲一名眞正的佛弟子。

進入佛門應該開始修持佛法，如果僅僅是進入佛門而不聞思修行，正法很難融入我們的相續。

在修持佛法時，首先應當生起出離心。出離心是對六道當中所有的享受與安樂沒有希求、貪戀之心，只有希求解脫之心。這非常重要，沒有出離心，我們所做的善法功德不會成為解脫之因。

生起出離心後如果能像密勒日巴尊者那樣將世俗的事全部放下，一心修行，當然是最好的，但一般人很難做到，不僅是在家人，就是一些出家人要做到這一點也很困難。如果不能將世俗的事全部放下，心裡也一定要明白：**解脫才是自己這一生最重要也是最終的目標**。然後，一步一步地修行，這樣堅持下去，對世間的執著與貪戀就會慢慢減輕，最終得到解脫。

比如我們去拉薩，首先一定要將到達拉薩作為最終目標，然後一步步向著拉薩前進，不管遇到什麼違緣，也不改變最初的發心，這樣，總有一天我們會到達拉薩。相反的，如果一個人把財富、地位等當作自己的人生目標，不管你表面上修持什麼法，解脫肯定是沒有希望的。

生起出離心後，還應該在出離心的基礎上培養菩提心。菩提心是指在皈依或者在將來行持善法時，不僅僅是為了自己的解脫和安樂，而是發願為了所有眾生成就佛果而皈依三寶、修持佛法。沒有菩提心，我們是不會成佛的。

剛進入佛門的人立即就生起菩提心會有些困難。巴楚仁波切在《普賢上師言教》當中，告訴我們一些修行菩提心的方法，比如大家可以先從自己的家人、朋友開始觀想，對他們生起菩提心與慈悲心；然後慢慢地推及普通的與自己無關的人，對他們也生起菩提心與慈悲心；最後要對傷害過自己的敵人也修持菩提心與慈悲心，這樣一步步修行，最終自己的相續中肯定會生起眞實的菩提心。

如果我們能在菩提心的攝持下修持，那麼我們所做的一切善根，全都會成爲我們成佛的種子。

出離心和菩提心，是我們在皈依時應該具備的發心。如果皈依時，你的發心是爲了自己今生的財富圓滿、家庭和睦、事業順利等等，這樣的發心已經偏離了皈依和學佛的正道。

正因爲出離心、菩提心非常重要，被譽爲「雪域眞正文殊菩薩」的宗喀巴大師也在著名的《三主要道》中宣講了成就佛果需要具備的最主要的三個條件：出離心、菩提心與無二智慧。從宗喀巴大師的教言可以看出，出離心、菩提心對於我們成佛是多麼的重要！

大家皈依上師三寶後，就成爲佛菩薩的弟子，所以我希望你們今後能夠做到不殺生，因爲殺生的行爲與慈悲心、菩提心直接相違。

有的人想，我們人與人之間的確應該相互平等，對待動物就不一定。其實有這樣想法的人只是沒有經過認眞的觀察，只要我們仔細觀察，就會發現動物與人類相比只是不會講人類的語言而已，牠們對於苦樂的感受與人類沒有什麼差別。天冷的時候牠們會聚在一起取暖，天熱的時候也會找一個涼快的地方納涼。這些年我在藏地和其他地方放生，在屠宰場裡看到那些待宰的牛羊，牠們看見前面的同類被殺掉，驚恐萬狀，和人一樣會因爲害怕而哭泣，有的甚至跪下來向人祈求。所以認爲只是人與人之間應該平等，人與動物不用平等，從佛教的角度來講還不是眞正的平等心。

殺害眾生，不但與慈悲心、菩提心相違，其果報也非常嚴重。巴楚仁波切曾經講過：「若殺一有情，需償五百生。」《百業經》云：「有情之諸業，百劫不壞滅，緣合應際時，其果定成熟。」如果傷害了眾生的生命，沒有懺悔，這個果報將來肯定會落到自己的身上。大家想一想，我們平時被針扎一下都可能受不了，到那時怎麼去忍受？爲了自利利他，大家今後要儘量避免殺生。

另外，在皈依後你們最好能吃素。吃素不僅是漢傳佛教，也是藏傳佛教和南傳佛教共同提倡的。

現在，吃素的因緣具足，現代科學也證明了吃素對人體健康有很大好處。佛教認爲吃素不但能令今生健康長壽，而且對將來的往生也會有很大幫助。如果因爲各種原因暫時無法做到吃素，也只能吃一些三淨肉。三淨肉是指沒有聽到、看到、懷疑是爲自己所殺的肉。吃三淨肉的果報也很大，且比殺生要好很多。

有的人可能因為習氣，每天都要吃肉，這樣的人應該從每天少吃一點肉做起，再在每月佛菩薩的節日時吃素，然後在神變月、佛陀轉法輪月期間吃素，最後一步步徹底不吃肉。**減少吃肉，也會救很多眾生的生命**，這是我對大家的希望。

皈依後，大家還要精進地修持佛法，否則就像把醫生開出的藥放置一旁不吃，很難真正得到佛法的利益。

你今年什麼樣，明年還是這樣，最後到死亡時也不會有進步的。真正到死亡那一刻，你一定會後悔的。

有的人講，這幾年我很忙，等將來退休有了時間再修行。人的生命是無常的，不要說退休，就是明年這裡的幾十個人能不能都在人世也很難講。現在不趁著身心自由的時候修行，以後在惡業成熟時能不能有機會很難說。

幾個月前，扎西持林的達森堪布去為一位臨終老人念經加持。看到達森堪布，老人說他非常後悔，因為年輕時他沒有修持佛法，而且造了很多惡業。現在他已經感受到了無比的痛苦，如果就這樣死去，很可能會墮入更加痛苦的惡趣中。老人拼命祈求堪布加持，讓他的生命哪怕再延續一年，他保證一年中一定放下所有的俗務一心修法，這樣他也許可以不墮入惡道。但眾生的業力不可思議，在達森堪布回到扎西持林不久，這位老人就去世了。

聽到這個故事我也感到非常痛心。我想在座的所有人將來都肯定會面對死亡，我們尋遍整個南瞻部洲，發現佛法能讓我們今生得到安樂、脫離苦海。我們在這一世有緣得遇佛法，一定要抓緊時間好好修持。

最後，我想再講一件事。今天下午有一位女士來見我，她說她本來對釋迦牟尼佛的教法很有信心，也想過皈依三寶，但她周圍有不少已經皈依的人講起佛法來頭頭是道，平時爲人處世卻很差勁，還不如一些沒有學佛的普通人，看到這些她就不想皈依了。我跟她解釋說，她看到的只是表面上皈依、卻沒有眞正地將佛法融入相續的人。

我們作爲佛弟子，在修持佛法的同時，一定還要注意完善自己的人格與修養，讓那些還沒有皈依三寶的人從我們身心的改變上看到佛法的加持和力量。這樣就會有越來越多的人皈依佛門，得到解脫與安樂，佛法也會日益興盛。否則，別人看到我們表面上雖然在學佛，世間人格卻很低劣，就會像這位女士一樣，對佛法產生偏見和誤解，這樣的話，我們就對不起我們的導師釋迦牟尼佛！

現在我們已經是上師與弟子的關係，作爲上師，我對你們沒有別的要求，只希望大家在皈依之後，不要因爲自己不如法的行爲給佛教帶來損害。

希阿榮博

二〇〇八年初爲信眾開示

弟子現場筆錄整理

堪布青年時代的法像

2

如何做功課

從皈依開始，不論你的工作多忙，每天都應當拿出一定的時間來修行，這對我們將來的解脫非常重要。

很多人皈依佛門後，還要繼續扮演自己在社會、家庭中的角色，但是，**不論你在世間做什麼，都一定要把從輪迴中獲得解脫作爲人生的最終目標**。

沒有這份出離心是無法擺脫痛苦的。關於輪迴的痛苦，我們應該深刻了知，從輪迴中獲得解脫的主要障礙，就是我們無始以來因無明而形成的習氣和造下的業障。

雖然佛菩薩已經爲我們宣說了清淨業障的諸多法門，但只有我們將這些教法眞正地付諸實修，才能得到佛法的殊勝利益，所以釋迦牟尼佛也曾經說過：「吾爲汝說解脫道，當知解脫依自己。」

要求大家馬上捨棄世俗生活，去山洞中閉關修行，對很多人來說是不現實的，但我也不希望大家以世間生活作爲理由而放棄修行佛法。

不要以爲只要皈依了就萬事大吉，日後的解脫就打包票了。皈依後一點也不修行，是很難有進步的。所以我想從皈依開始，不論你的工作多忙，每天都應當拿出一定的時間來修行，這對於我們將來的解脫非常重要。

每天修行的內容，一般來說是按照上師的要求或者根據自己的情況確定，通常包括靜坐、觀想和念誦經文及佛菩薩的咒語聖號等，這就是我們佛教徒所說的「做功課」。

大家要知道，經文和心咒都是佛菩薩爲利益眾生而宣說的金剛語，對我們相續的改變有著不可思議的加持。

功課包括每天早晚固定時間做的早課、晚課和非固定時間持誦的心咒、聖號。做早、晚課之前，請大家儘量關閉手機、電視、電腦，拔掉電話線，讓自己的心安靜下來。凡夫的心非常容易受到外界干擾，我自己對此也深有感觸，有時在做功課時來電話，接也不是，不接也不是，非常爲難。讓大家關掉手機等，就是要儘量避免這些干擾。

幾年前，扎西持林爲了工作方便，給達森堪布配了一支電話，但沒過多久，堪布就說電話對修行人的干擾實在太大了。他把扎西持林的出家人召集在一起，對大家說：「扎西持林是眞正修行人住的地方，聽達和丹增尼瑪兩人因爲工作關係確實需要電話，但其他人不需要。」說完，堪布便從地上撿起一塊石頭把電話砸了。

從那時起到現在，扎西持林除了聽達和丹增尼瑪之外，其他的出家人都沒有手機，也不允許安裝電話。去過扎西持林的人都了解，達森堪布是非常好的修行人，連他都感到電話對修行的干擾，我們作爲普通人就更要注意。

除了以上所說的干擾外，我們在日常生活中還會遇到其他各種各樣的干擾，這些干擾時時刻刻擾亂著我們的心。你們不要以爲只有面目可怖、張牙舞爪的形象才是魔鬼，其實所有干擾修行、障礙解脫的事物都是魔王波旬的化現，它經常隱藏在看似平常的事物後面，擾亂我們的心，如果不能認清它的本質，就很難得到解脫。

準備好後，開始做早課。

一、早課

1. 先在佛堂供水、供香，並於佛像前頂禮三次，禮畢以「毗盧七法」的坐式在禪墊上安坐。

所謂「毗盧七法」是：(1)坐式，兩腿都盤起的金剛跏趺坐；如果做不到，半跏趺坐也可以。跏趺坐能夠讓身體很快獲得輕安等五種功德。(2)身體要正直，不能過於前屈或後仰，這樣可以不生起昏沉、掉舉。在密宗當中說，身若正，則脈正，脈正，心也就正直。(3)頭要稍微往前低。(4)眼睛微閉，垂視鼻尖。(5)舌尖抵上顎。(6)兩手臂要展開，肩臂平齊，不要內收。(7)雙手要結定印。

氣息緩慢出入自然，漸至微細無聲。這樣讓自己的心沉靜下來，安住一段時間。

2. 然後，開始對呼吸作調整。

具體方法是：先以左手的拇指壓住左手的無名指根部，其餘四個手指依次壓在拇指上，這樣手就握成了一個拳頭，這叫金剛拳。

左手握好金剛拳，將金剛拳壓在左腿根部的動脈上，然後右手也以同樣的方法握成金剛拳，並用右手的食指或中指壓住右側的鼻孔，讓氣息從左側鼻孔呼出，此時觀想自己無始以來所積累的業障在身體中變成黑色濁氣從左側鼻孔排出，如此緩緩呼氣三次。

接著用右手的金剛拳壓住右腿根部的動脈，用左手金剛拳的食指或中指壓住左側鼻孔，用右側鼻孔呼氣三次，觀想同前。

最後用左、右手的金剛拳同時壓住雙腿根部的動脈，用兩個鼻孔同時呼氣三次，觀想也與前面一樣。

之所以握拳並壓住無名指的根部和大腿根部的動脈處，是因爲這兩個地方有兩個脈，壓住它，可以讓我們很快斷除雜念，讓心安靜下來。

3. 氣息調整後，開始回想自己昨夜的夢境。

如果在夢裡做善事，說明自己修行有了一些進步，應當生起歡喜心，並觀想將這些功德供養上師三寶、迴向給六道眾生；如果在夢裡做惡事，說明修行不是很精進，要立即懺悔並祈禱上師三寶的加持。

4. 然後開始修「上師瑜伽」。

常有人問我：觀想上師，是觀想上師本人的形象好，還是把上師觀想成本尊好？

這要依你個人的具體情況而定。如果你眞正相信自己的上師就是佛，是佛以人的形象出現來度化自己，對此你沒有一絲一毫的懷疑，那麼你可以在修法時直接觀想上師本人的形象。如果你只是把上師觀想成佛，而對於上師就是佛這一點仍有疑惑，修法時則可把上師觀想成本尊。或者你雖然對上師就是佛還有疑惑，但直接觀想上師比觀想本尊更讓你覺得有加持力，那麼修法時也可以以上師的形象作觀想。

觀想上師在自己頭頂正上方，面向前方，或在離自己頭頂一肘高的斜上方，面向自己，或者把上師觀想成本尊，同樣在上述位置。如此一邊觀想，一邊念誦上師瑜伽。念完後開始祈禱上師，上師若有心咒的話，此時也可以念上師心咒。念誦結束後，觀想上師變成一個明點，由頭頂融入自己心間，這時想：希望自己也和上師一樣功德圓滿。然後觀想自己的心與上師的心無二無別，安住一段時間，出定。入定時間可長可短，由個人能力決定。

上師瑜伽是一切教法的源頭，直指諸法實相，雖是無上究竟法門，卻易懂易行，隨時隨地都可以修持。

每天早晨醒來，觀想上師從心間的蓮花中躍然而出，如魚兒躍出水面，活潑而敏捷，一下升至頭頂上方；晚上睡覺時，右側吉祥臥，觀想上師從頭頂進入心間的蓮花上，上師身體發光，照亮自己及周圍的一切；吃飯時，觀想上師在自己的喉部，美味的食物都敬請上師享用；走路時，觀想上師在自己右肩的上方；感受快樂時，想到這是上師的恩賜；生病、受排擠、被誹謗等處於逆境時，想到這是我的果報，慈悲的上師加持我，讓我在還有能力清淨以往業障的時候，經歷這一切，抓住機會體驗他人的痛苦，從而更快地生起菩提心。

也可以觀想自己變成一個五色明點，迅速融入上師心間。上師不斷往上升，越來越高，越來越遠。如此觀想，安住於自心與上師心無二無別中。

總之，把行住坐臥間一切所見所聞都觀想成上師的化現。這都源於上師，就像陽光源於太陽。

經常想上師的功德、上師對自己的恩德，並誠心祈禱上師或念誦上師的心咒。相信上師沒有一刻離開過自己，因此對上師的恭敬也不要有一刻懈怠。

5. 早課的「上師瑜伽」修完後，就可以開始「念誦」功課。

一般情況下，大家可以按照《喇榮課誦集》的順序，即從第一頁的《加持咒》開始念誦，然後是《八吉祥頌》、《供養儀軌》、《普賢行願品（七支供）》、《發心儀軌》、《大自在祈禱文》、《文殊禮贊》、《上師祈禱文》、《蓮師祈禱文》、《釋迦牟尼佛修法儀軌》、《迴向偈》等。

在念誦前，先熟悉誦詞中文的意思，然後按藏音念誦，這樣最好。如果暫時做不到，需要儘快地熟練。

除了以上這些內容外，還有《金剛經》，這部經典可以說涵蓋了般若法門的精華。任何一個人要將大藏經中的《大般若經》念誦一遍都非常困難，但念誦一遍《金剛經》也就十幾分鐘的時間，卻與念誦《大般若經》有著同樣的功德。經常修持念誦《金剛經》，可以讓我們迅速清淨無始劫以來的業障、開啓智慧，所以我在給大家結緣《金剛經》法本時，要求大家最好每天都能念誦一遍。

《心經》更是文字簡短、意義深遠。以前有不少出家人就是在念誦修持《心經》時開悟的，並顯現出許多不可思議的行爲。還有《隨念三寶經》，這部經典可以讓我們憶念三寶的功德，對三寶生起感恩之心。在藏地一些寺廟召開法會前，全體僧眾都會共念這部經。《三十五佛懺悔文》對於我們清淨「身、語、意」三門所造下的業障也有很大的幫助。

剛才我提到的這幾部佛經，文字非常短，每天念誦一遍應該很容易做到。另外，大家還可以根據自己的情況，念誦《大圓滿基道果無別發願文》、《開顯解脫道》、《極樂願文》、《上師供修法儀軌》等。

法王如意寶說《上師供》非常殊勝，能加持修行者迅速開悟。按上師瑜伽的方法修上師供也可以。

6.早課完成後，根據自己修法的情況，在一天中，隨時隨地念誦本尊修法和本尊心咒並認真計數。

二、晚課

1.晚課時，應該再在佛堂供香、頂禮。

2.之後，開始回想自己在過去這一天當中是行持了善業還是造下了惡業，對於所行持的善業應該歡喜，並將功德供養給上師三寶；對於所造下的惡業，要立即念誦《金剛薩埵百字明》懺悔。

根據《普賢上師言教》中所說，如果我們每天念誦二十一遍百字明，惡業不會增長；如果每天能夠念誦一百零八遍百字明，一天所造的惡業全部可以清淨。所以，每天念誦百字明懺悔自己的業障非常重要。

3.供護法的人應該先供護法，然後回顧檢討自己一天的行爲。

4.一天的修行結束時，念誦《普賢行願品》迴向發願。

5.最後，入睡前，觀想上師由頭頂進入心間，放大光明，或把上師觀想成本尊，心中守持住善念入睡。

三、禪修

另外，一天當中至少要禪修半小時。

方法很簡單：已經證悟心性的人，先祈禱上師，再安住於心性中，安住片刻後，從定中出來再祈禱上師，再安住，如此反覆修持至少半小時；還沒有開悟的人，則安住於對空性的定解中，與祈禱上師交替反覆。這是速得加持、獲得或鞏固證悟境界的有效方法。以前法王如意寶在學院南山傳授大圓滿時，就是這樣要求我們的。你們現在也應該按這個方法去做。

以上所講的就是我們做功課的一些基本要求。

做任何一件善事包括做功課，都應該以「三殊勝」攝持。

大家如果每天都能堅持做功課，我想用不了多久，你們的心相續就會有改變，出離心和菩提心也會有很大增長，這是很多人的修行經歷都證實了的。

也許有的人認爲自己平時工作很忙，每天念誦這麼多內容會很困難，不如等到將來有時間或者退休以後再修。有這樣想法的人可以認眞地想一想，誰能保證你能活到退休？又有誰能保證你將來會有時間修持？

扎西持林山腳下有一户人家，住著兄妹二人和各自的家庭。妹妹有三個孩子，非常可愛。每次我的車經過他們家門口，孩子們都會跑出來歡快地朝我招手。上個月，這家的哥哥到學院來見我，說他妹妹、也就是三個孩子的媽媽，前幾天突然死了，請我爲她超度。他哭著說本來一家人那天上午去參加姐姐的婚禮，不知有多開心，誰也沒想到她下午回到家就死了。妹妹才二十七歲，她這一輩子也沒怎麼修佛法，唯一的安慰就是扎西持林在附近，妹妹有時會去那裡轉經，積累了一點功德。

你們看，人生就是這樣，無常是不會因爲你年輕、你熱愛生活、你的孩子還沒長大，就不降臨。抓住當下，精進修持才是一個眞正的佛子應該做的。

我這裡所講的功課內容並不是很多，如果專心念誦的話，不到一個小時就能完成。我們學佛人追求的是解脫和利益眾生，如果每天用一個小時來完成功課都做不到，那麼你的相續中就還沒有眞正生起信心和出離心。

有出離心的人，平時再忙也一定會抽出時間修行；沒有出離心，可能今天做功課，明天就不做了，這樣下去，雖然皈依了，也不會有很大的進步。今天這樣，一年後還是這樣，直到最後死亡來臨時也不會有多少變化，所謂的解脫成了一句空話，到那時自己怎麼後悔也來不及了。所以，我希望大家平時無論多忙，每天也一定要抽出一些時間來完成功課。這是一個佛弟子最起碼應滿足的要求！

希阿榮博
二〇〇八年八月二十八日
藏曆六月二十八日口述
九月五日增補，弟子記錄整理

3

關於前行的簡短開示

二〇〇八年初，許多弟子向希阿榮博堪布祈請大圓滿法的灌頂與傳承。對大圓滿法具足信心，誠然可貴，但堪布希望大家在修行的基礎不牢固時，不要盲目地直接進入大圓滿正行，而是按照法王如意寶等上師的教言，嚴格依照次第，從前行法開始修持，打好修行基礎。

最近，有一些弟子向我祈請大圓滿的灌頂和修法傳承。

大圓滿法確實可使凡夫在一世之內成就無上佛果，被稱爲九乘佛法之頂飾，極爲殊勝。大家對大圓滿法生起信心，肯定是往昔積累了無量福德與善業的顯現。根據蓮花生大士和米龐仁波切等傳承上師的教言，在末法時期大圓滿法將會廣弘。

在藏傳佛教的歷史上，大圓滿法通常都是在非常祕密的情況下傳講的。比如我十幾歲時，在家鄉德格，就曾經跟隨大成就者才旺晉美堪布修持大圓滿法。堪布傳講《蓮師六中陰修法》修行次第時，只允許三十多人參加。堪布每講一天，我們就對當天所講的內容進行實修。後來堪布傳講無垢光尊者所著的大圓滿竅訣《法界寶藏論》修行次第，只能有七個人參加，除我年齡比較小外，其餘六位都是修行很多年的出家人。

我家境貧窮，沒有法本，堪布就把自己用的法本借給我，並一再囑咐我務必在沒有人的地方獨自修持，甚至念誦時也不能讓他人聽見。依照堪布的教言，我經常一個人躲進經幡林裡念誦修持。

幾年後，在喇榮五明佛學院，大恩上師法王如意寶傳講《傑珍大圓滿》的灌頂和竅訣，每次也只有極少數弟子能聽聞。後來法王利生事業不斷擴大，僅五明佛學院就有近萬名常住僧眾，全世界皈依法王的弟子更是不可勝數。爲讓更多眾生得到法益，法王開始在較廣範圍內宣講大圓滿法。

記得有一年，法王傳講無垢光尊者的《法界寶藏論》時，一改從前只能祕密傳講此法的傳統，開始在五明佛學院較大的範圍內傳講，同時，他老人家還在每天授課後，特意安排一名佛學院的活佛或堪布爲全體僧眾做輔導。在法王傳講此論的兩個多月時間裡，先後有六十幾位堪布、活佛爲學院的僧眾進行了輔導。現在看來，法王如意寶的這個安排密意深廣，悲心懇切。

法王曾講：「以前能爲弟子次第宣講大圓滿修行竅訣的上師本來就很少，現在就更不多了。如果我此時再不次第宣講大圓滿修行竅訣的話，非常擔心今後大圓滿的傳播會受影響。本來我這一世可以虹化，但因爲有的弟子戒律不清淨，我可能不會虹化。即使這樣，我也絲毫不後悔。」以此爲始，大圓滿法隨著法王如意寶弘法利生事業的日益廣大而廣爲弘揚，這也正應驗了蓮花生大士、全知米龐仁波切等大圓滿傳承祖師的授記。

現在，確實有很多人對大圓滿法生起信心。但修學大圓滿法，除極少數上根利智的弟子外，一般人都要嚴格地按照次第，從前行修法開始修持，打好基礎。

如果基礎沒有打好，一般得不到大圓滿的灌頂；即使得到了，也不會有很大效果。這就像蓋樓，沒有打好地基，樓房就不會堅固。相反的，如果前行修法的基礎扎實，證悟大圓滿並非難事。歷史上有不少修行者就是在修持大圓滿前行的過程中顯現開悟的。

當年法王如意寶在五明佛學院傳講大圓滿法時，也要求所有祈請大圓滿傳承與灌頂的弟子務必先完成前行修法。如果情況特殊，未修完前行而獲得傳承與灌頂的弟子，則必須發願在最短時間內修完前行法。由此可見，前行修法對於我們最終證悟大圓滿是多麼重要！

大圓滿前行修法包括共同外前行與不共內前行。共同外前行是顯宗、密宗等教法共同的修學基礎，包括暇滿難得、壽命無常、輪迴過患、因果不虛等，也稱爲「四種厭離」。

修持暇滿難得、壽命無常，可以使我們斷除對今生今世一切享樂的貪戀與希求之心。

在六道輪迴中，三惡道的衆生爲苦所逼，缺乏智慧，沒有閒暇修持佛法；三善道中的天道衆生因爲放逸，阿修羅道衆生因爲強烈的嫉妒心，也無暇修持佛法；眞正能圓滿全面地修持佛法的只有人。而在無邊的輪迴中想要獲得人身極其困難，釋迦牟尼佛曾經用大地土與掌上土的比喻來說明人身的難得。

我們自己也可以用智慧去觀察，就拿我們平時都能現量看到的旁生（畜生）爲例，夏季裡一小塊草地上旁生的數量就比我們整個世界的人數還要多，更不用說地獄道和餓鬼道衆生的數量了。即使轉生爲人，眞正有緣修持佛法的又有多少呢？現在雖然有衆多高僧大德在廣轉法輪，但在全世界六十多億人口中，信仰佛教的不過只有三億多。這三億多人之中眞正以利益衆生、追求解脫爲目的而精進修持的人就更少了。

我們好不容易得到寶貴人身，而它卻不會持久。從出生開始，我們就不得不一步一步走向死亡。生命中順緣少、違緣多，什麼時候會失去這個人身誰也不知道。我們今天在座的幾十個人，明年是否都健在，誰也不能打包票。不說明年，就是下個月會怎樣，誰也不知道。

記得我有一次乘坐夜班飛機，快降落時，機上的乘客看見舷窗外美麗的城市夜景，都興奮得高呼起來，我卻怎麼也高興不起來。聽說這個城市有近兩千萬人口，我想用不了幾十年的時間，這兩千萬人都會陸續離開這個世界，而他們當中又有多少人能得到解脫的安樂？

前幾天一位信眾專門從外地來見我。年僅三十歲的她，不久前被查出患有癌症，已經是晚期。死亡的威脅突如其來，她非常恐懼，在我面前不斷重複著一句話：「現在該怎麼辦？現在該怎麼辦？」我盡力安慰她，希望她積極治療，不要放棄對生活的信心。同時，我也要求她不管病情怎樣發展，都一定要保持對正法的信心。

其實，即使我們的人生一帆風順、無災無病，也不過短短的幾十年。

前幾天一位年逾古稀的老人來見我。他是著名的學者，幾年前在國外講學時，偶然得到一本介紹佛教的英文書。讀後，他吃驚地發現，自己窮盡一生研究的許多問題，釋迦牟尼佛早在兩千五百多年前就已經給出了答案。更讓他感到不可思議的是，釋迦牟尼佛與蓮花生大士等關於現代社會的很多授記都準確無誤。「看著授記上的文字，就好像他們親身經歷了現代社會一樣，眞是不可思議！上師，現在我已基本放下俗務，一心修持佛法，不過遺憾的是年紀有些大了，不知道時間夠不夠？」他的這些話也讓我很有感觸。

許多人只有到了老年才眞正開始關注心靈和生命價值的問題，這確實有些晚；但與他們相比，更多的人哪怕死亡迫在眉睫，也不會去思考自己將何去何從。

幾年前我在一座城市的街心公園看到很多老年人，其中身體好些的在那裡下棋玩牌，消磨時間；身體差的就只能呆呆地坐在輪椅上耗費自己最後的人身，無奈地等待死亡降臨，非常可憐。相比之下，有佛教信仰的人在年老後，仍會用人生最後的時間繼續行持善法。因爲我們相信：因果絕不會空耗，這些善行會給我們的今生與來世帶來巨大的利益。我接觸過許多老年居士，他們因爲年輕時精進修持佛法，到了晚年身心自在，快樂充實。

今天我講這幾個故事，目的就是想告訴大家：我們雖然得到了寶貴人身，但隨時都可能失去它。生命非常脆弱，違緣什麼時候出現誰也不知道。即使沒有任何違緣，這個人身也不過只有幾十年。如果我們用如此寶貴的人身去追求名利、貪圖世間享樂，那我們將沒有解脫的機會。現在不放下對世間的貪執，不去修持佛法，當死亡來臨時，我們將會懊悔不已。

下面再簡單講講輪迴過患、因果不虛。這一修法可以讓我們斷除對於來世生於善趣、享受人天安樂的希求。

如果我們這一世沒有解脫，來世肯定還要在六道當中輪迴。六道中，地獄的寒熱、餓鬼的饑渴、旁生的愚癡、非天的爭鬥、天人的墮落、以及人道的生老病死等痛苦，可以說無量無邊。以旁生道（畜生道）爲例，我們經常看到電視上播放一些介紹動物的影片，大多數的野生動物一出生就成爲其他動物的食物，牠們爲了生存而相互殘殺，弱肉強食。三善道中的人和天人與三惡道的眾生相比，雖然暫時擁有些許安樂，但他們經歷的一切其實也不離痛苦的本質：天人在福報享盡後，會有墮落之苦；人生一世，無論貧富愚智，生老病死等痛苦誰也逃不掉。

前不久，一位弟子從南方打電話給我，說她認識的當地一位很有地位的人，罹患了癌症，正在住院治療，非常痛苦。後來我與這位病人通電話，他說：「以前別人怎麼講我都不信，認爲人生苦短，隨心所欲地生活比什麼都重要，所以爲了世間名利造下了很多惡業。現在果報現前，所有的痛苦都只能一個人承受，而那些爭來的名利，此時此刻眞的沒有任何意義。我現在相信因果不虛，眞是後悔莫及啊！」如今不得不躺在病床上的他，發願皈依三寶，我透過電話爲他傳授了皈依戒。

六道輪迴中沒有任何地方能讓我們眞正獲得安樂，輪迴的本質就是痛苦。

曾經有不少人問我：如果佛教所講的輪迴轉世存在的話，我們現在爲什麼記不起前世來？因爲不記得就不承認存在，這是荒謬的。

比如母親懷你時，你是否存在呢？肯定是存在的，但我們恐怕誰也記不得在母親子宮裡生活的經歷了。同樣的道理，人在一、兩歲時感受到的安樂與痛苦，在當時也是很眞實的，是肯定存在的，但現在誰又能回想起來呢？所以，在我們記憶裡沒有的事並不一定就沒有發生過。同樣的，我們現在看不到前後世，但不能說明就沒有前後世、沒有輪迴。有的人只是因爲沒有認眞觀察思考，才不承認輪迴。如果經過觀察和思考，沒有誰能夠眞正否定佛教關於輪迴、轉世的觀點。

說到輪迴轉世，我想給大家講一個眞實的故事。

在我的家鄉甘孜州，從甘孜縣到色達縣的路上有一座蓮花生大士神山——東廓神山。根據蓮師授記，在雞年的時候到東廓神山朝聖非常殊勝。二〇〇五年正好是藏曆的木雞年，大批漢藏信眾來到東廓神山朝聖。當時很多人都看到神山的石頭上自然顯現出佛菩薩心咒、空中時常出現吉祥彩虹等瑞相。

東廓神山上生活著一些野生猴子。當地一戶藏民曾在山上放生了幾十隻羊，山中野生猴群裡有一隻猴子看到放生的羊群後，竟然離開猴群，開始自覺地照顧這群羊。早上天一亮，牠就趕著羊兒上山吃草，晚上把羊集中趕到一起看管。如果有外來的羊混入這個羊群，猴子馬上就能發現並把外來者趕跑；如果有人接近羊群，猴子也會阻攔。當時的情形，朝拜神山的信眾都親眼見到。很多人認爲這隻猴子是這戶人家去世親屬的轉世，由於對自己親人和家中財產的執著才這樣。

當時五明佛學院的日布多傑活佛正在東廓神山閉關，他也親眼看到了這一情景。「看著這隻猴子每天放羊，眞的讓人覺得牠就是這個家庭中的一員。」活佛曾經這樣對我講。

我想世界上沒有任何一件事是無因無緣的，我們沒有神通，但有神通的人一定能看到這件事背後的因緣。對於沒有證悟空性的人來說，輪迴眞實不虛。如果我們沒有捨棄對今生來世的貪戀，即使我們表面上在修持佛法，也很難從輪迴中得到解脫。

以上所講就是關於共同外前行的修法。透過修共同外前行，我們相續中應當對整個六道輪迴生起眞實的厭離心，逐漸放棄對現世享樂的希求，一心一意尋求解脫，這就是我們所講的出離心。

在進入佛門後，如果能把世間一切完全放下，當然非常好。但要眞正做到這點很不容易，如果暫時放不下，可以一步一步修持逐漸放下對世間的執著，這樣將來才有機會得到解脫。

打好外前行的基礎非常重要。在修行時，共同外前行可以單獨修，也可以與不共內前行一起修。修行前一定要仔細閱讀發給大家的這本《普賢上師言教》。這個修法非常簡單，也容易理解，對修行人來講又很重要，所以在藏地寧瑪巴教法中，不論是出家人還是在家人，最初進入佛門，一般都要修學《普賢上師言教》。

法王如意寶以前在佛學院幾乎每年神變月都宣講一遍。我現在包括從上師處聽聞，再加上自己爲弟子講解，至少也看過幾十遍了。我向大家提一個要求，就是每一個得到《普賢上師言教》法本的人都要發願，今生至少要精讀十遍。對於眞正追求解脫的人來講，這應該是非常容易做到的。

下面我簡單講一下不共內前行的修法。不共內前行包括皈依、發菩提心、金剛薩埵百字明、供養曼荼羅和大禮拜五個修法，也叫「五加行」。

一、皈依

皈依就是發願將佛教作爲自己的信仰，跟隨三寶修學正法。皈依不但是一切正法之門，也是得到一切戒律的基礎。趨入正道，修持佛法，最終得到解脫與安樂，唯有從皈依開始。

幾天前一位女士來見我，她說：「師父，我的經濟條件很好，在社會上的地位也不錯，平時與公司裡的同事在一起時，大家互相讚歎或者一起吃喝享樂，外人從表面上看，我們應該是非常快樂的。但時間一長，我一個人的時候，心裡總覺得生活非常無聊，沒有一點安樂可言。您說這是爲什麼呢？」

「你應該試著建立一種精神信仰，讓自己的內心充實、安定起來。物質生活是很容易讓人厭倦的，欲望沒有滿足時不甘心，一旦滿足馬上生厭。如果沒有精神層面的追求和信仰，生活很容易就陷入這種不甘心和厭倦的循環中，心裡越來越浮躁、空虛。眞正的信仰能幫你排遣內心的負面情緒，使生活平衡喜樂。」對她的問題，我是這樣回答的。

我還見過一些人，學習佛法很長時間了，不少人還定期參加寺廟組織的學習，他們講起佛法來頭頭是道，卻始終沒有皈依。有人雖然皈依了，卻連「三寶」的法義都不知道，很難說這樣是眞正的皈依。

一個人無論看上去有多麼高的見解、多麼深的修行、多麼玄妙的行為，如果對三寶沒有堅定的信心，不具備隨學三寶的誓願，他就不能算是佛教徒。

1.在修持皈依前，應該端正自己的發心。有人皈依只為自己今生安樂，將來得到人天福報，這是下士道發心；有人是為自己解脫輪迴而皈依，這是中士道發心；有人是為所有眾生的解脫與成佛而皈依，這是上士道發心。大家在修持皈依時，一定要按照上士道的發心修持。

2.端正發心後，首先應該請一張皈依境的唐卡，由上師開光加持，懸掛在佛堂，開始仔細觀想。皈依境中主體顯現是蓮花生大士，本體是自己的根本上師。你們自己有具德上師，就觀想自己的上師；如果沒有上師，可以將本體觀想為法王如意寶。

為什麼要將本體觀想為自己的上師呢？這是因為雖然往昔有無數的佛陀出世為眾生宣講正法，但我們因為自己的業力深重，沒有得到解脫，現在上師重新來到我們面前，親自賜予我們傳承與灌頂，為我們開示阻塞惡趣道、開啓善趣道的妙法，引導我們趨入佛地，上師對我們的恩德很大，與我們的因緣更近。

另外，上師是一切功德之源，如果我們斷除狡詐之心，持之以恆虔誠地祈禱上師，今生便可獲得殊勝功德，所以應該將本體觀想為根本上師。

3.這樣觀想後，開始念誦皈依的偈頌。按照經書的要求應該念誦十萬遍，但考慮到可能會出現漏念、錯計等情況，要再念誦一萬遍作爲補遺，所以應該圓滿念誦十一萬遍。念誦時一定要專心，數量雖然重要，修持的品質更重要。

每一次念誦都應當在心中發願皈依上師三寶。這樣念誦十一萬遍，自己在心裡也應該發願十一萬遍。如果心中沒有發願，只是有口無心地念誦了十一萬遍皈依的偈頌，不會有很好的效果。這樣修持，直到在自己心中生起對上師三寶不退的信心，生起寧捨生命不捨三寶的決心。在沒有生起這樣的信心與決心前，應該精進修持。

二、發菩提心

五加行的第二個修法是發菩提心。皈依後，是趨入大乘還是趨入小乘，最主要就是看有沒有生起利益眾生的菩提心。阿底峽尊者說：「大小乘以發心別。」

菩提心是我們成佛之因，如果沒有菩提心，不管你的見解有多麼高深，都不能成爲大乘修行者，不會成佛。相反的，如果有了菩提心的攝持，哪怕只念一個心咒的善根也會成爲我們成佛的種子。

我接觸過一些學佛人，顯現上對大中觀、大圓滿很有信心，而對像皈依、發心這樣的基礎修法卻不太重視，認爲這些修法過於簡單。其實證悟空性與修持菩提心是分不開的，如果相續中沒有生起無僞的菩提心，就不會產生證悟空性的智慧，無法眞正斷除貪執，得到解脫與成就。

對所有眾生生起菩提心，這句話說起來容易，眞正做起來對一般初學者來講比較困難。所以在修菩提心時也要認眞聞思，先了解修行次第。

修持菩提心時，在皈依境前觀想：無始以來在六道中輪迴的眾生沒有一個未曾做過自己的父母，他們做父母時對我都有很大的恩德，現在他們由於無明而不得不在六道中漂泊，感受痛苦。爲了能讓他們早日脫離輪迴，我一定要修成能救度眾生的佛陀的果位。這樣的觀想絕不是在思想上隨便造作一下就可以，一定要做到表裡如一！

一般初學佛的人因爲對親友貪執等原因，很難一下子在相續中生起菩提心，所以在修持時，大家可以先從對自己有恩德的親人、朋友開始觀想：首先對他們生起菩提心；然後是與自己無關的普通人，對他們生起菩提心；再然後是對自己有過損害的怨敵，對他們也生起菩提心；最後將菩提心推及六道中所有眾生，希求所有眾生都能獲得如來正等覺的果位。

念誦發菩提心的偈頌：念誦時，也應當與皈依一樣，一邊念誦，一邊在心中發願，圓滿念誦十一萬遍，心中也同樣要這樣發願十一萬遍。即使圓滿了十一萬遍的念誦觀修後，還要長時間地反覆觀修、串習，直到自己的相續生起眞實的菩提心。如果只是在散亂中念誦了十一萬遍的偈頌，眞實的菩提心是不會在我們的相續中生起的。

沒有菩提心，要想證悟大圓滿法，根本不可能。

三、金剛薩埵百字明

五加行中的第三個修法是金剛薩埵百字明。凡夫在六道中輪迴，未能證悟萬法實義的主要原因之一，就是我們在無始以來的輪迴中所造下的罪業和積累的迷亂習氣。不用說無始以來造下的惡業，僅今生今世所殺眾生的數量就已經不可勝數。「縱經千萬劫，所造業不亡。」巴楚仁波切說：「若殺一有情，需償五百生。」這都是佛陀與傳承上師的金剛語。大家想一想，如果我們造的這些惡業不清淨，將來果報現前，我們根本無法承受。

清淨業障的方法首先就是要生起懺悔心。

在佛陀爲眾生宣說的諸多懺悔法門中，金剛薩埵修法被稱爲「懺悔之王」。諸佛菩薩在本體上沒有任何區別，只是由於諸佛在因地修行時的願力不同，在眾生面前才會有不同的顯現。金剛薩埵在因地時曾經發願：如果不能使任何持我名號、向我祈禱而做懺悔的人罪障清淨，我誓不成佛。現在金剛薩埵早已成就佛果，其誓願肯定不虛，就看我們是不是具足信心，是不是肯精進修行。

根據祖師的教言，任何人只要具足「四種對治力」，念誦金剛薩埵百字明十萬遍，無始劫以來的業障全部可以清淨。這是金剛薩埵的殊勝願力所致，對此大家不用懷疑。

四種對治力簡單來講就是：(1)對金剛薩埵具足信心，誠心依止金剛薩埵的所依對治力；(2)對自己往昔所造惡業生起眞實後悔心的厭患對治力；(3)發願從現在起不再造惡業的返回對治力；(4)行持善業對治往昔所造惡業的現行對治力。這四種對治力非常重要。

如果在修持金剛薩埵法門時沒有具足四種對治力，雖然對清淨業障也會有幫助，但不會使我們無量劫以來的業障全部清淨。另外，在以四種對治力觀想時，不能忘記以菩提心來攝持。如果沒有菩提心的攝持，只是爲自己清淨業障，爲自己解脫而修持，這樣業障也是很難全部清淨的。

金剛薩埵百字明的修法也要念誦十一萬遍。

另外，這次我應一些弟子的請求爲大家念誦了《金剛薩埵修法如意寶珠》的傳承。這個修法是法王如意寶於一九九七年在光明智慧中掘取的意伏藏，傳承非常清淨。這個修法儀軌簡單，法王如意寶還特別開許沒有傳承也可以修持，所以非常適合初入佛門的人。大家如果暫時沒有時間修持五加行，可以先修這個法，爲將來的修行打下一個基礎，我想至少應該先念誦金剛薩埵心咒兩百萬遍。

在藏地和其他地方，很多和大家一樣的在家人都曾經在我面前發願一輩子要圓滿修持金剛薩埵心咒一億遍。兩百萬遍對於眞心追求解脫的人來講應該是非常容易做到的。

我們即使在修完五加行後，每天早上做功課時，仍要堅持念誦二十一遍或者是一百零八遍百字明。根據《普賢上師言教》等經論，每天如理如法地念誦二十一遍百字明，一天中所造的惡業不會增長；如果念誦一百零八遍百字明，一天內所造的業障全部清淨。

金剛薩埵修法可以說是我們一生都要修持的最重要法門。

四、供養曼茶羅

五加行中的第四個修法是供養曼茶羅。我們修持佛法的最終目的是爲利益眾生而成就無上佛果。沒有圓滿福慧資糧，肯定不會獲得究竟的佛果。在佛陀以大悲心、用各種善巧方便爲眾生宣說的諸多積累資糧的法門中，供養曼茶羅是殊勝而簡單的修法。

大家修曼茶羅時，可根據自己的條件選擇不同供具、供品。有條件的人，可用金、銀曼茶盤，珍珠、寶石做供品；條件一般的人請一個普通曼茶盤，供品用青稞、大米等也可以。這個要求我想一般人都應該能做到。

不管用什麼修法，修行時的發心都很重要。如果修曼荼羅時，只以令自己今生受用圓滿、福報增上等自私自利的發心攝持，可能會暫時得到一些世間的利益，但修法已經偏離了佛法正道，不會成爲我們解脫與成就之因。這一點大家一定要記住。

其實眞正追求解脫的人不用過分擔心自己的世間福報，只要以利益眾生的發心修持佛法、積累資糧，就像點火的同時煙會自然生起一樣，我們在圓滿解脫與成就資糧的同時，自己的福報以及今生的安樂也會自然獲得。供曼荼羅的修法同樣也要圓滿十一萬遍。

五、大禮拜

第五個修法是大禮拜。大禮拜最好與七支供一起修，如果做不到，也可以與皈依一起修，以前也有這樣修持的傳統。修行時念一遍皈依偈頌，做一次大禮拜，這樣皈依與大禮拜可以同時修行圓滿。

在修此法時，心一定要專注，不能身體在頂禮，心裡卻東想西想，周圍哪怕只發生一點點小事，頭馬上就轉過去。應該以身做禮拜頂禮，以語稱頌祈禱，以意專注所做，具足虔誠依止之心，這樣可以迅速清淨相續中的五毒煩惱，去除傲慢之心。

在一些寺廟，修行人修這個法時，會在一個木板上大禮拜，修到最後手腕、膝蓋都磨破流血。還有很多藏族人發願一生一定要從自己的家鄉以大禮拜的方式到拉薩朝聖。去過藏地的人可能都見過他們在路上禮拜的情景。我還看見一些其他地方的修行人，從五臺山禮拜到拉薩朝聖，情景確實非常感人。

但我也看到有的弟子在修這個法時，先要在家中的木地板上鋪一層地毯，如果覺得不舒服，再鋪一層被子，然後慢慢地在那禮拜，稍微有些累，馬上休息聊天。

我想，凡夫要想得到解脫與成就，不吃一點苦肯定是不行的。憑佛陀那麼深廣的智慧，也沒能找到讓眾生舒舒服服就迅速成佛的方法。當年佛陀自己也是為我們示現捨棄王位等世間一切享樂，歷經六年苦行之後才成佛的。又比如密勒日巴尊者，他的殊勝成就就是透過我們常人無法想像的苦行獲得的。

作為他們的追隨者，我們在修行中一定不要怕苦怕累。其實我們現在修行所吃的苦不用說與傳承上師們相比，就是與那些禮拜去拉薩朝聖的修行人相比，也是微乎其微的。如果連這一點點苦也吃不了，自己應該感到慚愧。

這次一些弟子向我祈請五加行的傳承，發心修持五加行，我在給大家念傳承時念了巴楚仁波切所著《普賢上師言教》中的「大圓滿龍欽寧體前行修法」與全知米龐仁波切的《開顯解脫道》兩個傳承，大家可以根據自己的情況，選擇一個傳承去修。

五加行修行圓滿後，還要修上師瑜伽。

在小乘教法中，要將上師觀想為阿羅漢或有殊勝功德的人；在大乘顯宗裡，要將上師觀想為資糧道、加行道或是見道位以上的菩薩，而在大圓滿修行中，一定要將上師觀想為最究竟的法身佛，否則很難得到最終的成就。

要證悟大圓滿，只能依靠弟子對上師的信心與上師賜予的加持。如果平時只是嘴上說上師是佛、上師對我的恩德很大，而相續中沒有生起這樣的定解，沒有真正視上師為佛，那麼無論你有怎樣的世間聰明，無論你通達多少甚深經典，都不會得到上師最殊勝的加持，這樣是無法證悟大圓滿的。

上師瑜伽修法可以讓我們增上對上師的信心，這也是最接近大圓滿正行的修法。歷史上很多修行人就是在修持上師瑜伽時獲得成就的。

我見過很多修行人，他們可能沒有多少文化，有的人甚至連字都不認識，但他們依靠對上師無偽的信心，在臨終時顯現出獲得成就的瑞相。所以，為了增上對上師的信心，圓滿念誦一千萬遍蓮花生大士心咒是必不可少的。在藏地為修上師瑜伽，圓滿念誦蓮花生大士心咒幾千萬遍或者上億遍的人非常多。我想大家應該也能做到。

我給大家簡單地講了一下五加行的內容，希望大家這一生至少修持一遍五加行。如果能做到，我們所得到的這個人身就真的有意義了。

開始修以前，一定要先仔細閱讀《普賢上師言教》，然後在具體修持時，修到哪裡就專門反覆地看哪一章節。按照法本上的要求認真修持，這樣修行一定會有進步。有一些人看法本不太仔細，甚至隨便翻一翻就說這本書我已經看過了。佛法不是很好理解，這樣隨便翻翻肯定不能通達其意。不用說佛法，就是世間公司裡這麼厚一本資料，你隨便翻翻又能了解多少？所以看法本一定要仔細。

有人講五加行很難修，在家人可能一輩子也修不完；有人講我現在沒時間，等到退休以後再說。其實我以前多次和大家說過，我們所得到的這個人身很無常，能不能活到退休，誰也說不定。現在沒時間修法，以後就沒有機會解脫。

說到這裡，我跟大家講一個真正修行人的故事。

這位修行人叫才旺誠利，是我的金剛兄弟，甘孜容巴擦人，當年我們一起在大成就者才旺晉美堪布座下聽聞過《蓮師六中陰修法》和《法界寶藏論》。我們關係非常好，見面時也常相互開玩笑。

當年法王如意寶到容巴擦，他曾向法王求法。才旺喇嘛一生念誦了蓮花生大士心咒一億遍、《三十五佛懺悔文》十萬遍以上、二十一度母經一百一十萬遍、守持八關齋戒兩百多次、大禮拜一百四十萬個。他禮拜時，墊在下面的木板硬是被他的血肉給磨穿了。可以說他一生做的唯一一件事就是修行。

後來阿秋仁波切到容巴擦時，他祈請阿秋仁波切對自己的大圓滿境界進行印證。在了解了他的境界後，阿秋仁波切非常高興，認爲他已經圓滿證悟了大圓滿。才旺誠利對弟子們說：「如果現在死的話，我不會有任何恐懼，反而會非常高興，因爲現在自己已經有了十足的把握。」

後來他常讓人轉告一位遠行的弟子，請他儘早回家鄉：「因爲這位弟子很想去國外，我有一本護照要交給他。」其實才旺喇嘛根本沒有什麼「護照」，大家都不明白他爲什麼要這樣說。看著他身體很好，也沒人相信他很快會去世，所以，那位遠行的弟子直到幾個月後，即一九九五年二月二十六日才回來。

才旺喇嘛囑咐弟子將他一生依止上師及修行的過程寫出來：「以後的修行人看到，一定會獲得利益。」交代完這些，當天晚上他像平時一樣吃飯、念經，沒有任何異樣。第二天上午他感到身體不適，下午六點，讓弟子們幫他把身上多餘的衣服脫下來，然後面向西方跏趺而坐。弟子們再次走近時，發現他已經圓寂。圓寂後身體趺坐不倒二十一天之久，皮膚也比生前更加白皙。

三月二十一日，寺廟爲他舉行荼毗大典。天空沒有一絲雲彩，一隻白色禿鷲在空中右向盤旋良久，所有在場人都親眼目睹了這一景況。

這時人們才明白，才旺誠利喇嘛所講的「出國」與「護照」的眞正涵義：給我們留下來的「護照」應該就是記錄他一生修行生活的傳記。我想才旺誠利喇嘛是要告訴我們：尋求解脫的人就要像他那樣去修行，這樣死亡來臨時，也一定會和他一樣，得到一本趨入解脫的「護照」。

我跟大家講這個故事，希望大家明白今生今世修行的努力一定不會白費。只有精進修行的人才能不懼死亡，才能得到解脫的安樂。

圓滿修持五加行和上師瑜伽後，大家的相續必定會有根本改變，到那時就可以在一位具德上師面前祈請大圓滿的傳承或灌頂，修持大圓滿法。

祝大家修行進步，吉祥如意！

希阿榮博

二〇〇八年初北京開示

弟子現場筆錄整理

堪布在北京

4
開悟

對上師有信心，對眾生有慈悲心，相信因果，如果做不到這三點，即使釋迦牟尼佛親自來到面前講大圓滿，也不可能開悟。

一九八七年，法王如意寶於五臺山之東台取出意伏藏《文殊靜修大圓滿——手中賜佛》，回到學院後開始為弟子宣講這一珍貴法門，前後歷時一百天，聽法者超過一千人。

法王說：「因為文殊菩薩加持，參加修法的人都很清淨，才在如此大範圍內傳講這個伏藏法，這種情況以後不會再有。」

我當時除了每天在法王面前聽聞佛法、按法王傳授的竅訣修行外，還負責為幾位道友做課後輔導。一天，達森傷心地對我說：「人身那麼難得，遇到上師那麼不容易，這次講這樣殊勝的法，如果不能開悟，以後恐怕就沒有機會開悟了。」

他因為在修法中遇到障礙，遲遲沒有開悟，急得大哭，求我把法王上課講的要點再仔細跟他講一遍。我邊安慰他，邊與他一起回顧法王的教言（以下部分均為法王教言）：

> 對上師有信心，對眾生有慈悲心，相信因果，如果做不到這三點，即使釋迦牟尼佛親自來到面前講大圓滿，也不可能開悟；做到這三點，哪怕魔王現身，也無法引導你偏離解脫正道。
>
> 並非真正把上師看作與佛無二無別，而認為上師之外還有更高明的佛菩薩，有這種想法的人不可能開悟。

釋迦牟尼佛涅槃前，阿難悲傷不已，勸請佛陀住世。佛陀說：「弟子，不要難過，我會以上師的形象再回來度化眾生。」

佛隨順眾生的業力因緣，以不同形象救度眾生於輪迴苦海。有時，他示現佛的形象，如佛陀在世轉法輪時；有時，他示現菩薩形象，如文殊、觀世音菩薩；有時，他以普通人的形象出現在我們面前，如我們所見到的上師；有時，他甚至化作鳥、牛等動物去度化有緣眾生。所以，上師就是你現量能見到的佛，就是你內在佛性的具體外相。

祈禱上師，然後安住。開悟者安住於本心，未開悟者安住於對空性的定解中，如此反覆祈禱，反覆安住，每天至少半小時，對開悟和鞏固證悟幫助極大。

我們與米龐仁波切的因緣非常近，觀想時把上師、米龐仁波切、文殊菩薩觀作一體，就一定能得到加持，一定能開悟。

我一歲多剛學會叫媽媽時，就有不造作、自然流露的大悲心。七、八歲，心裡對大圓滿的境界有所領悟。而我證悟無上大圓滿是在十五歲時，對米龐仁波切生起巨大信心，透過祈禱米龐仁波切、專心念誦《直指心性》後實現的。這是我個人的經歷，希望對你們，我的弟子們，能有所啓發。米龐仁波切傳下來的法門，一定要常看、常修持。

我所持有的大圓滿傳承中所有祖師，從普賢王如來到托嘎如意寶，無一例外都是眞正的佛。雖然我自己只是一介凡夫，但我的傳承依舊清淨殊勝無比，因爲我從未把我最親近的根本上師米龐仁波切和托嘎如意寶看作與佛有別，也沒有令其他任何爲我傳過法的上師心生不悅，我誠心誠意地敬愛他們。

求法者啊，當你去求大圓滿傳承時，務必對傳法上師仔細觀察。如果他曾令自己的上師不悅、甚至毀謗上師，他的傳承就被染污了。如黃金般珍貴清淨的傳承之線，到他那裡已經斷了，透過他，你將得不到傳承的任何加持。

達森說他還沒有通達五部大論，不知這是否會影響到開悟。其實，學識和證悟是兩回事。通達經論當然會有助於開悟，但不一定能保證開悟。

證悟說起來也簡單。《文殊靜修大圓滿——手中賜佛》涵括了從凡夫到圓滿證悟成佛的所有修行內容，但它寫下來才不過薄薄五頁紙。

在藏傳教法傳統裡，只要依止的是眞正的大成就者，並對上師具足信心，隨時隨地都有可能開悟。

當年，巴楚仁波切和弟子紐西龍多在石渠修法，兩人生活清苦，每天只能吃到一點點粑粑。某天，一位施主供養了一個人參果粉和奶渣做成的大餅。巴楚仁波切說：「我們分一下，一人一半。」紐西龍多推讓道：「上師，您吃就行了，我不要。」巴楚仁波切說：「拿刀來，我來分。這個餅頭在哪尾在哪？」紐西龍多一聽這話，心裡豁然開朗，就在那一刻達到了前所未有的證悟境界。

還有一則故事是關於米龐仁波切的。他去求見蔣揚欽哲旺波，被傲慢的侍衛擋在門外。米龐仁波切奮力把門衛推到一邊，強行闖進院內。一進去看見蔣揚欽哲旺波用斗篷蒙面坐著，他嚇得大氣不敢出，低頭乖乖跪在上師面前。突然間，蔣揚欽哲旺波從斗篷裡伸出頭來，一巴掌重重拍到米龐仁波切頭上，大喝：「你是誰？」米龐仁波切顯現上當下便開悟了。

禪宗也有很多這樣的公案。大家不要把它們當趣聞軼事聽，或是覺得開悟原來如此簡單，說不定自己哪天也會無緣無故地開悟呢！如果你對上師沒有足夠的信心，哪怕大棒打破頭，也是不可能開悟的。

我們普通人不要總是想像，證悟會像天上掉餡餅一樣突然掉到自己頭上。大圓滿法已經爲我們清清楚楚地指明了修行、證悟的次第，我們按照次第精進修行就會有效果。而在修行中取得的任何一點進步，都來自上師的慈悲加持。

幾十年來，達森堪布初心不改，始終過著清淨的修行生活，對世俗的一切無欲無求。他對上師的信心從來沒有減退，一心一意唯求解脫。去過扎西持林的人都知道，他是多麼了不起的一位修行人。

我常常會難過地想：達森堪布、聰達、丹增尼瑪常年以侍者的身份卑微地跟在我身邊，默默操勞，而實際上他們修持那樣高深，本應受眾人恭敬供養啊！

法王如意寶說過：得到大圓滿法的人，如果對上師具足信心，不破密乘戒，不誹謗佛法，並按次第精進修持，今生就有可能解脫。沒有做到即身解脫的，在臨終法性中陰或轉世中陰出現時，也能解脫。不用說人道，就算畜生道等其他道的眾生，只要聽到大圓滿法，來世十五歲到二十五歲之間一定能再值遇大圓滿法，條件具足的話，一定能解脫。

希阿榮博
二〇〇八年九月十日
藏曆七月十日口述
弟子如實記錄

5
善護口業

對世上的種種人物、現象，我們以清淨心對待就好了，千萬不要急於下結論，更不要隨意批評出家人。

我們學佛人無論什麼情況下，都要仔細地取捨因果，善護身、語、意三門。作爲凡夫，我們沒有能力判斷一個人是不是成就者。

遠的不說，僅喇榮這個小小的山谷裡，自一世敦珠法王時期十三位弟子虹身成就以來的幾百年間，以各種方式示現成就的修行者層出不窮。有些人的事蹟生前爲人所知，有些人卻終生隱藏自己的功德，甚至故意示現離經叛道的形象遊舞人間。所以對世上的種種人物、現象，我們以清淨心對待就好了，千萬不要急於下結論，更不要隨意批評出家人。

如果你對某個出家人沒有信心，或是對他顯現的一些行爲看不慣，可以不去依止，不去親近，但絕不要批評。這是我給大家的一個忠告！網路雖然是虛擬的，但因果不虛。

說到這裡，我想跟大家講一個五明佛學院出家人的眞實故事。

這個出家人叫阿莫繞多，在五明佛學院依止法王如意寶十幾年，對法王的信心很大。但他在顯現上行爲卻很不如法，整日無所事事、東遊西逛，學院的管家對他很頭疼。幾年前，阿莫繞多似乎再也無法忍受學院嚴格清苦的生活，回到了家鄉甘孜達塔，還結婚生了孩子。看見他這樣，道友們覺得他違背誓言、自甘墮落，都很蔑視他，鄉親們也有不少非議。

有一次，他對別人說：「如果死的話，我可能會頭朝下死去。」這話的意思是說會死得很難看，不吉祥。大家聽了，諷刺他說：「你如果眞有本事，就死得像個樣子吧，免得到死都讓人看不起。」阿莫繞多回答說：「那好吧，就依你們。」大家覺得他裝模作樣說大話，很可笑。

去年年初，阿莫繞多感覺身體不適。一天，他夢見法王如意寶，法王讓他念誦十萬遍《普獲悉地祈禱文》遣除違緣。他按照上師的囑咐，圓滿了十萬遍念誦，之後再次於夢中見到法王如意寶，法王對他說：「你到我這裡來吧。」

第二天，阿莫繞多把自己的夢境告訴妻子。他說自己將不久於人世了，離開這個世界，他沒有一點憂傷和牽掛。他叮囑妻子在他死後出家修行，不必擔心未來，他一定會在修行路上幫助她。孩子們可以送到青海果洛的一所孤兒學校，他的金剛兄弟根容堪布會照料孩子們的教育和生活。

家中一切安排妥當，幾天後，阿莫繞多請來幾位出家人，爲他助念《文殊大圓滿基道果無別發願文》，他在一旁打坐。大家念完一遍發願文後，他睜開眼說：「我很差勁！沒死成，再來一遍。」於是出家人又再念一遍。就在第二遍發願文的念誦過程中，阿莫繞多坐著示現圓寂。圓寂後法體端坐三天不倒。

第三天，人們請當地的瑪眞多洛活佛來爲阿莫繞多念誦大圓滿竅訣。活佛念完起身剛要離開，突然聽見一聲巨響，阿莫繞多端坐的身體倒了下來。

幾天後，阿莫繞多的身體縮到很小，荼毗時出現了許多象徵獲得殊勝成就的瑞相，令在場所有人倍感驚奇。他們對阿莫繞多生起了很大的信心，而那些曾經在阿莫繞多生前對他批評、誹謗的人更是追悔莫及，但無論如何，他們都已經失去了在阿莫繞多面前懺悔的機會。

以前帝洛巴尊者嗜好吃魚，而印度八十位成就者顯現上也都千奇百怪。

從前，菩提金剛和如來芽尊者在衛藏跟隨吉美林巴尊者學法。幾年後，吉美林巴尊者說：「我的法全部交給你們了，你們回去修行和弘法吧，我們師徒今生可能再無法相見了。」師兄弟兩人不得不哭別上師。離開前，上師說：「你們去大瑜伽士卻旺仁增千波那裡求一個長壽佛灌頂，這對你們會有幫助。」卻旺仁增千波是當時藏地公認最偉大的伏藏師，擁有不可思議的神通。

菩提金剛、如來芽尊者和另外一位師兄弟晉美俄才來到瑜伽士的住處。瑜伽士正被自己的一幫小兒女弄得焦頭爛額，聽說有人求灌頂，便大罵：「沒看見我有多糟糕嗎？你們是不是存心諷刺我？」

聽完他們三人說明求灌頂是上師吉美林巴尊者的指示後，瑜伽士才同意爲他們灌頂。他坐在一堆亂糟糟的雜物中間，一時找不到灌頂用的拂杖，便隨手拿起一根撥火棍，又解下自己的綁腿紮在棍子一頭，開始爲他們灌頂。進行到一半時，突然想起灌頂還需要寶瓶，又隨手拿來一個壺當作寶瓶，把裡面的甘露分給三人喝。

求灌頂的人對自己上師的教言和瑜伽士的加持力沒有絲毫疑惑，恭恭敬敬地用手掌接甘露喝下。菩提金剛更是捧過寶瓶，把其中剩下的甘露全部喝掉了。後來，他們果然都得到長壽佛的悉地，活到高壽。菩提金剛常常說：「自己本不想活到這麼老，只怪當初瑜伽士的甘露喝得太多，想早點死都死不了！」

我講這些故事是想告訴大家：那些有很高內證功德的修行人，有時也可能會在行爲上顯現不很如法，而他們的顯現以凡夫的分別念是根本無法辨別的。

僧寶是我們皈依的三寶之一，是我們修行路上的助道友。如果因爲自己的分別念而隨意誹謗僧寶，大家可以好好地反省一下，看自己的皈依戒是否清淨。

誹謗僧寶的嚴重過失，在《極樂教言》等諸多經論中都有詳細闡述。肆意誹謗對自己的修行不會有任何幫助，反而會讓你造下很大的惡業。這樣的話，不用說解脫，來世得到人身都非常困難。

從世俗做人的角度來說，信口開河，隨意批評他人或惡意誹謗，都是有悖於個人修養原則，甚至是不道德的。

我希望大家精進修行、善護三門，這是追求解脫與安樂的人都應力爭做到的。

希阿榮博

二〇〇八年七月二十三日

藏曆五月二十一日口述

弟子如實記錄

第三部

走出修行的誤區

追求覺悟的過程，就像在一個無邊無際的迷宮裡突圍，沒有佛法的指引，我們永遠都將被困在裡面，原地打轉。

1
皈依

有的人居無定所地過著安寧的日子，有的人卻在豪華住宅裡一輩子逃亡。皈依，不是修行的起點，它是整個修行。

我是在一塊被佛法浸潤的土地上出生、長大的。和我一樣，在那塊土地上生活的絕大多數人，對佛法都有著堅定的信仰。我們不希求今生的安逸，也不希求來世的享受。佛法沒有減少我們的顚沛流離，甚至沒有讓我們覺得自己比別人更優越、更有保障，因爲眾生平等，皆具佛性。那麼，佛法到底爲我們帶來了什麼，使我們縱然一無所有、四處爲家，內心依舊富足、安詳？

佛陀關於無常和因果的開示給了我們無限的勇氣和希望，哪怕最貧窮的、目不識丁的藏民也深信因果並能無懼地接受無常。

看看現代社會，人們一切的苦惱、掙扎都源自對無常的恐懼，忙忙碌碌無非爲逃避無常。非常有意思，有的人居無定所地過著安寧的日子，有的人卻在豪華住宅裡一輩子逃亡。

人們逃避無常是因爲他們不清楚自己所處的眞實狀況。首先，他們認爲無常只是人生的一種際遇，像逆境，只要找到最佳解決方案就可以規避。他們很努力地嘗試不同的方法，希望得到一個一勞永逸的答案，然後才能安心生活。可是他們極力排斥的恰是生活本身，除了變化，生活中還有什麼呢？

只要稍加留意就不難發現，生命中的一切都是無常的，四季更迭，人事代謝，我們的身體、情緒、思想，無一不在變化之中。**無常不是人生的一段過渡期，而是整個人生**，不管你願不願意，都必須與它終生相處。

其次，人們認為變化會帶來痛苦，如果一切都恆常不變就不會有痛苦。其實無常不好也不壞，它既意味著有得就有失、有盈就有缺、有聚就有散，也意味著有失就有得、有缺就有盈、有散就有聚。開心還是傷心，全看你的立場和態度，與無常並沒有必然關係。

無常粉碎了我們對安全感、確定性的幻想，本以為牢不可破的觀念、思想會改變，本以為相伴終生的人不是生離就是死別，健康的身體會突然被疾病打垮，一帆風順的事業會轉眼間破產。當我們意識到自己腳下隨時可能踩空時，便本能地想抓住什麼，這就是執著的由來。由於我們想抓住、想依靠的東西，本質上是抓靠不住的，所以才會痛苦。造成痛苦的並非無常，而是執著。逃避無常不僅是徒勞的，也是沒有必要的。

接受無常，開始是件痛苦的事，因為從久遠以來，你一直習慣於逃避它。**其實，無常像一個面貌醜陋、內心溫柔的怪人**。如果你不熟悉他，會害怕看見他的臉；一旦你了解他，就能與他愉快相處。

人們在稱心如意的時候，往往忽略無常，儘管情況越變越好也是一種無常。只有在面臨傷痛、疾病、分離、打擊、情況變糟時，才突然感受到無常。這是生命在以一種猛烈的方式提醒我們：不要沉溺在安全的幻夢中，沒有永恆不變，沒有萬無一失。如果現在不開始關注精神修持的話，這一生也很快將在盲目的追逐和焦慮中空耗過去。

我第一次接觸死亡是在六、七歲時。我的外婆突然病倒了，家裡人都圍在她的床邊哭泣。我很愛她，想為她做點什麼，於是偷偷跑到村外一個拆毀的瑪尼堆那裡，圍繞廢墟不停地大禮拜，念觀音心咒。我發願把自己禮拜、念咒的功德迴向給外婆，希望她好起來。她去世前的幾天，我一直在外面禮拜，沒有守在她身邊。

外婆的死讓我無比強烈地感受到生命的無常，同時也讓我懂得佛法修行的價值。我沒有參加外婆的葬禮，只是一個人來到瑪尼堆禮拜，祈願這份小小的功德能對逝去的親人有所幫助。

無常是修行人的密友，它時刻提示我們保持警醒，並且給我們鼓勵和希望。無常意味著凡事都有改變的可能。不管我們以前犯過多麼大的錯，也不管我們現在有多麼愚昧無知，只要我們按照正確的方法去做，就可以清淨過去的罪業，逐漸不再迷惑。

也有人會反過來看問題，認為既然一切都是無常、都會消逝，那麼大家便可以隨心所欲，不計後果，也不必精進追求什麼，反正到頭來都留不住。佛陀在指出無常的事實之後，又慈悲地開示了事物背後的另一個真相——因果的法則，使我們不至於迷失在無常之中。

相信因果不等於相信宿命，否則我們不會那麼精進修行，懺悔罪障，也不會想到要以目前的凡夫身份去追求無上正等覺。萬事萬物都在變化中，因此不可能存在注定不變的命運。

我們的一言一行、起心動念都會產生相應的後果，都會對自己和他人的生活造成影響，帶來改變。有些行爲的後果很快顯現，而有些行爲卻要等很久以後才能看到它的結果，就像野草的種子播進土裡不久就會長出草來，而青稞播種後卻要等來年才會開花結果。因果的法則無所不在、深奧複雜，每一件事的發生都是眾多因果關係共同作用的結果。

佛陀說只有像他那樣徹底覺悟的人，才能完全講清楚事情的來龍去脈、前因後果，一般人只能看見其中的某個片斷。

因爲知道自己不管做什麼，哪怕是最微小、最隱密的行爲也有後果，將影響到自己和他人，所以我們會自然而然地生起責任感，不再只顧眼前、爲所欲爲。我們也更深切地體會到人與人、人與世界的相互影響、相互依存關係。慈悲心的培養是必要的，如果我們想最終免於痛苦，就不要傷害他人；如果我們想要快樂，就創造條件讓他人快樂。

人們總是把因果和報應相提並論，我卻不喜歡「報應」這個詞，因爲它讓人感覺冷漠、疏離，有一種懲罰的意味。我們不認爲如果自己做對了，就會有人讚賞、保護我們；如果做錯了，就要受到處罰。事實上，從頭到尾我們都是自己對自己負責。

我們遭遇的困難、痛苦，只是過去行爲的一個結果，沒有理由責怪他人，也沒有必要自責。你若能以積極的心態對待它，那麼正在經歷的痛苦不僅完結了一段舊的因果，而且還會成爲一個新的善因，開啓一連串正面的反應。所以，痛苦並不總是壞事。人生的得失起伏都可以是覺悟的契機，關鍵在於你以怎樣的心去面對。

我們非常重視發心，因爲行爲的後果主要是由它背後的動機，也就是發心，決定的。

在熱愛精神修持、追求解脫的藏地，人們哪怕做一件很小的事，發心都很大，都是爲了所有眾生的解脫。許多人在網路上看過扎西持林修建瑪尼堆的影片，裡面不論男女老幼、出家人、在家人，不論是背、是抬、是堆放瑪尼石，每個人臉上都洋溢著幸福的笑容。由於發心大，即使只是搬一塊小小的石頭，也會成爲未來解脫之因，所以大家才會感到那麼幸福滿足。

當你做一件事，如果心量放大到要把所有眾生的安樂都考慮進來時，你就能夠坦然地承受所有的辛苦、磨難，因爲你的心胸足夠寬闊。

因果不可避免、眞實不虛，如果一個行爲的果報今生沒有成熟，而你也沒有採取任何行動阻止它成熟的話，它一定會在下一世或更晚的時間成熟。

死亡只是目前這個生命的結束，而這段生命所承載的因果仍將繼續下去，新的生命在繼承舊因果的同時又將造作新的因果。因果好似海面的波浪，頭尾相連，延綿不斷，生命也因此不斷地輪轉。連接前世、今生、來世的，不是一個具體的「靈魂」，而是未斷的因果。儘管今生和來世的兩個生命，從身體到思想都是相互獨立的，但每一個今生都是來世的基礎。由於我們行為的後果有著性質和程度的差別，轉世便有了不同的屬性，即六道輪迴。轉生到哪一道，完全由你需要感受的業報決定。

蓮花生大士說：「如果你想知道你的過去世，看一看你現在的情況；如果你想知道你的未來世，看看你目前的行為。」

關於輪迴，許多高僧大德都有非常精闢的闡述，輪迴的事例也在不少文獻中能找到。我的一位弟子曾親自見證了她女兒的轉世。很感謝她把事情的經過詳細記錄下來，並與大家分享自己的這段經歷（參見菩提洲網站「我所見證的輪迴」一文），希望以此喚醒人們對輪迴的正確認識。

我們生活的這個時代對「死」諱莫如深，凡是與死有關的話題都不受歡迎，包括輪迴。每當我提到輪迴，都會有人反問：「我沒有看見轉世，怎麼相信它存在？」「如果我真的經歷過轉世，為什麼會不記得？」其實，你並不總是一定要親見親聞才相信事物存在的。比如，你從未見過自己的祖先，但你從不懷疑他們在這個地球上存在過。科學家告訴你，宇宙中除了我們的銀河系之外，還有無數類似的星雲，有的遙遠得連最先進的天文望遠鏡也觀察不到，而你相信它們的存在。

至於記憶，昨天，甚至剛剛做過的事、說過的話，你都可能忘記，不記得前世的事又有什麼奇怪的呢？你並沒有認眞思考過輪迴是否存在，當你說「我不相信有輪迴」時，你的意思其實是「我不想相信有輪迴」，因爲輪迴、轉世這些概念對你來說太陌生，讓你感到束手無策，你甚至連試圖了解它的興趣和勇氣都沒有。

也許你會覺得輪迴、生死這些問題離你的日常生活太遠，活命已經夠你忙的了，哪裡顧得上考慮死後的事。你若能夠因爲忙於活而顧不上死的話，可以等到活膩煩了再思考輪迴、生死。不過，看看周圍，很多人都是滿懷著對生活的熱情籌畫，卻突然間離開這個世界的。你沒有理由相信自己一定比這些人更幸運。

藏族人常說：「明天或來世誰先來到，我們並不清楚。」

有些人爲了表示自己的清醒，堅決不接受轉世之類的「迷信」觀念。如果死亡就是一切的終結，活著又是爲了什麼呢？吃喝享受，完了化作一捧黃土，這樣的人生想著都讓人心酸。否定因果，人們就會身不由己地迷失在無常的洪流之中，家庭、事業、感情最終要放下，理想、信念、價值觀也經不起推敲。不是說這些東西不重要，而是生命的意義應該不止於此。

現代人的生活中充滿了各種假設，我有時覺得奇怪：爲什麼他們不假設有來世。這並不比假設有明天或有明年更荒謬。

人們熱衷於籌畫未來，愛好制定多種備選方案，爲有可能出現的緊急情況做準備。既然這樣，何不順便也爲來世做做準備？萬一死後有輪迴呢？那不也是有可能出現的一種緊急情況嗎？

每個人的世界觀都應由自己去建立，盲目或被迫接受他人的觀點都是對生命的不尊重，但是封閉內心、固守成見同樣是對生命的不尊重。

我想，對輪迴半信半疑的人們，不妨採取「科學」的態度，承認自己不知道輪迴是否存在，同時不排斥了解更多關於輪迴的知識。畢竟從古至今還沒有哪位聖哲否認過輪迴的存在，你也沒有必要急於下一個石破天驚的結論。

藏族人非常注重精神修持，這源於藏族人對無常的深刻認知和對因果的堅信不疑。皈依佛、法、僧三寶對藏民來說是再自然不過的事。如果不是佛陀透過他累世的修行探索，最終覺悟了生命的眞相，並且慈悲地把他所獲得的知識和經驗與我們分享，恐怕我們到現在還在盲目地摸索，不知道自己是誰，也不知道自己究竟爲什麼來到這個世界，又要往哪裡去。

就像有人說的那樣：「我活著是因爲我生出來就是活的，就得活到死，儘管活著沒意思，也無可奈何。」聽到這樣的話，我的心裡便充滿了對三寶的感激。如果佛陀沒有講法，他的追隨者們沒有把珍貴的教法傳承下來，使我在兩千五百年後得以聽聞、實踐，那麼說這種話的人就是我，如此迷惘、無奈的人就是我！

佛陀在覺悟之後發現所有眾生都是本自圓滿具足的，都有覺悟的可能。這是一個鼓舞人心的好消息，否則，看看我們五毒俱全的現狀，我們眞不知道自己就算好又能好成什麼樣子。

佛陀不僅指出所有眾生都可以覺悟，而且耐心地教導我們如何消除迷惑。他告訴我們道理，又教我們如何去印證、檢驗那些道理。他針對人們不同的習氣、偏好、特點，以不同的方式開示眞理、激發靈感、鼓舞信心。

我們在輪迴裡漂泊有多久，我們的迷惑就有多深。

佛陀說在他無數次的轉世中，僅轉生爲白狗，死後留下的白骨，堆起來比須彌山還要高，而我們在輪迴中沉溺的程度只會比這更嚴重。現在，我們想改變這一切，就必須依賴有效、有力的方法。**追求覺悟的過程，就像在一個無邊無際的迷宮裡突圍，沒有佛法的指引，我們永遠都將被困在裡面，原地打轉。**

有一些人是佛陀的追隨者，據說也是佛陀的化身，他們會出現在我們身邊，訓練我們突圍的技巧，與我們並肩作戰，讓我們即使在最困惑、艱難的時候，也不喪失覺悟的信心，因爲透過他們，我們看到覺悟的確是可以實現的。

佛陀時代的印度是一個精神修持者的國度，社會各個階層中都有大批人致力於探求精神解脫之道。他們嘗試各種方法，一些人達到很高的覺知程度，但最終只有佛陀證悟了圓滿無漏的智慧，洞見了諸法實相。

許多人向他請教後，認識到自己在修行上的問題，於是決定改正或放棄以往的修行方法，而誠心接受佛陀的指導。他們懷著敬意向佛陀表達這種決心，後來成千上萬的人在佛陀面前或者透過佛陀的追隨者表達了這種決心。

這種心與心的傳遞便是教法的傳承。當你決心敞開心胸、毫無成見地向佛陀學習解脫之法後，需要在一位具有教法傳承的修行者面前，透過身體和語言的行爲把自己的決心莊重地表達出來。這不是形式主義。

修行的過程涵蓋身、語、意三個方面，所以在修行的起點，身、語、意皈依具足才是圓滿的緣起。之所以要在有教法傳承的人面前皈依，是因爲這樣做，你的決心將融入無數前輩、同輩及未來學佛者的決心之海中。它將不再是你一個人的決心，而是無數人共同的決心，並與佛陀的圓滿智慧一脈相承。

想像一下，這是多麼巨大的心的力量。身、語、意具足，內心做了一個前所未有的決定，修學者便得到了皈依的戒體。身、語、意之中，最重要的是意皈依，即對佛陀的教誨眞心認同，相信佛法一定能幫助自己了悟本心，相信僧寶的護持和引導。

我成長的年代幾乎看不見佛像、經書和僧侶，人們對三寶的信仰卻沒有動搖，包括我在內，很多孩子也知道向三寶祈禱。後來我接觸的人多了，發現並不是人人都知道如何祈禱。許多人都沒有足夠的勇氣承認自己需要幫助，並且謙遜地學習別人的成功經驗。

我喜歡念心咒，而念珠在當時根本無處可尋。記得我們一群孩子常跑到山上去採柏樹籽做念珠。柏樹籽非常堅硬，穿針引線把它們穿成念珠是很費工夫的，而我卻樂此不疲。那時候，我常常找個樹叢一窩，靠在裡面先把自己的破衣服補好，然後就開始穿念珠，這樣度過快樂的一天。

我還喜歡跟村裡的老人學念經文，那是眞正的口耳相傳。他們不識字，我也不識字，他們把自己聽來的經文一句一句背給我聽，我則一句一句記到心裡去。現在回頭看，當時學會的《度母經》和《極樂願文》，念錯的地方實在太多，可因爲記憶太深刻，後來雖然努力改正，有幾處還是常念錯。

從小到大，心向佛法都給我帶來莫大的安樂。然而，皈依三寶並不意味著生活從此安全無憂，腳下從此不會踩空，也不意味著只要我們願意，隨時都會有人出來替我們搞定麻煩。

我常想：心向佛法的確需要膽識。**佛法不向你承諾安全感或確定性，事實上，它恰恰要打破你對安全的幻想。**皈依三寶，說明你決心無懼地面對生命中的一切，不再尋求慰藉、寄託、照顧，除了切實地經驗當下，不再企圖另尋出路。藏文中「佛教徒」一詞的意思是「內道者」，即向內觀照、從本心而非本心之外找眞理的人。

在我們這個炫耀攀緣、追求散亂的年代裡，「靜默」、「洞察力」、「內省」這樣的詞讓人感到陌生、毫無吸引力，而佛法一切修行的基礎恰是正念，即貼近自己的身、語、意，時刻保持清醒的覺察。

剛接觸一件新鮮事物，人們總會感覺振奮，學佛也是這樣，尤其當你獲得一些心靈啓示之後，你心裡會充滿期望。學習靜坐、念誦經咒，飲食有節、起居規律，你相信生活從此有條不紊、目標明確，修行將不斷進步，連覺悟都似乎指日可待。不過很快你就開始失望，生活的不確定性沒有減少，你也沒有越變越好，相反的，你發現自己在修行中一次又一次陷入困境，正念的訓練讓你與自己面面相覷，無所適從。難道這就是修行？

修行不是一場魔術表演，從頭到尾讓你興奮、驚奇、目不暇接。它也不是逃避日常瑣事的盾牌，因爲它可能比你企圖逃避的日常生活更加瑣碎平常。

修行的目的不是完善目前的生活或者美化自己，如果是這樣，佛陀當年大可不必捨棄王位出家。他從小生活在父王爲他砌築的高牆之內，錦衣玉食，不知痛苦爲何物，然而，當他偷偷跑出宮外看見生、老、病、死的生命事實後，就決心不再自欺了。修行沒有什麼宏大的目標，只是不再自欺而已。

一旦開始修行，就會發現我們對自己的所作所爲是多麼無知。無始以來養成的習慣讓我們很不喜歡單純地與自己相處。保持清醒與覺察是件相當辛苦的事，因爲這意味著在任何情況下，你都不評判、不希冀、不迴避。這簡直讓你感覺走投無路。可是，覺察還不止於此，你還要清清楚楚地看著自己是怎樣試圖尋找退路、出路卻無果而終的。

說實話，對於剛剛踏上修行之路的人來說，這種感覺並不美妙。以前當你不痛快或遇到問題時，你可以焦慮、尖刻、遷怒、自責，可以吵鬧著把周圍的空間塡滿，可以不理會眞相而只沉浸在情緒的發洩中。然而，保持覺察讓你認識到這一切都無從做起。

自古以來，追求精神修養的人都需要具備一種品質，那就是忍辱。「忍辱」在現代人的詞典裡似乎與「怪僻、自虐」之類聯繫在一起，所以大多數人都不屑於有這種品質。但是從修行的角度看，忍辱指遇到情況不急於做出反應，不急於逃避不安、尋找安慰，而是放慢整個事情的節奏，給自己留一點空間去觀察和感受，讓自己可以看清事情的原貌，而不是被衝動牽著鼻子走。這有時也被稱爲寡欲或甘於寂寞。

持續的覺察訓練，會讓我們逐漸習慣這種不迎不拒的做法。期望和恐懼其實是同一個東西的兩面，有期望就會有恐懼，而迴避則會加強恐懼。不迎不拒使我們放鬆下來，這時，我們才更有可能瞥見一切思想行爲、一切歡喜哀愁背後的那個東西。

人們總愛把生活弄得擁擠而熱鬧，忙得團團轉，以免和自己獨處。心向佛法的人卻是決心要和自己親密相處。修行的過程毫無疑問會充滿挫折，每一個修行人都會一再失敗，一再跌回舊的習氣中。儘管如此，我們還是一輩子都在精進修行，不放棄也不逃避。

感謝三寶持續給我們啓發和勇氣，否則，我們無法堅持。

皈依，不是修行的起點，它是整個修行。

希阿榮博

二〇〇八年十一月一日

藏曆九月初三

弟子整理

祈請上師加持

2

出離心

輪迴是一種慣性，不斷改變習慣，能讓那股巨大的慣性慢慢地停下來。現在就開始改變這些習慣吧，這就是出離。

人們常說把修行融入生活中，可奇怪的是，儘管我們很努力，修行卻仍然與我們的生活若即若離。當我們打坐、念經、微笑面對他人時，我們覺得自己做得很好，眞正是把佛法運用到生活中了，可是在我們沮喪、憤怒、疼痛、委屈的時候，佛陀的教誨便開始記不清。除了當時極其鮮明而強烈的屈辱感、挫敗感外，其他一切都退到模糊的背景中去了。也許有人不禁要懷疑上師教給我們的種種方法是否眞的有效。

爲什麼修行不能持續地改變我們的生活？爲什麼讓很多人脫胎換骨、自由覺悟的佛法到了我這裡就總是失效？也許答案就在於我們把生活抓得太緊。

不論自覺或不自覺，生活中的一切對我們來說都太重要，工作、家庭、金錢、聲譽、感情，我們希望這一切都盡在掌握中，四平八穩，安全放心。爲此，把全副精力都投入進去還不夠，還要透過修行爲生活上保險。然而，生活就像我們手裡握著的沙，抓得越緊，流失得越快。在無常面前，以強化生活和自我爲目的的修行變得支離破碎，收效甚微。我們若能放鬆下來，不把生活中的每件事都看得至關重要，而是將更多的注意力放到修行上，生活並不會因此變得更糟。相反的，眞正的轉變會在這時出現，我們也會因爲放鬆而第一次嘗到自由的滋味。

放鬆可以說是修行的第一課。

生活中，人們最慣常的狀態是緊張、對抗，對自己、對別人、對周圍的一切都緊張兮兮。

我們不喜歡生活在自己的掌控之外，任何一點不確定都會讓我們焦躁不安，所以我們總是神經質地忙碌著，即使身體沒動，心裡也從沒停過，深謀遠慮想防微杜漸。一帆風順時，我們希望這種美妙的狀態能一直保持下去，不想看到任何突發事件打破生活的完整平靜。

生活中發生任何一件事，都讓我們心頭一緊，必須立即判斷出它的利弊以採取相應的行動。對自己有利的要讓它錦上添花，對自己不利的要趕緊想辦法壓下去或推出去。我們自以為是生活的故障檢修員，整日一副嚴陣以待的模樣。

身處順境的時候，饒是這樣不安，陷入逆境會怎樣惶恐更可想而知了。我們彷彿每天頭頂磨盤走來走去，感覺要被壓垮了，世界縮小到只剩下眼前那一堆困難。諸事不順，我們越發相信自己是世界上最倒楣的可憐蟲。

這種自艾自憐的情緒使我們覺得自己更有理由責怪、刻薄、報復、折騰。我們樂此不疲，以至於忘記生活原本就是變化無常，喜憂參半，甚至有點混亂的。哪怕我們耗盡畢生精力，也無法使它更可靠有序些。

修行只是讓自己放鬆下來，不再對抗，習慣那種不確定性並安住於此，有人也把這稱爲「自在」。

記得我十七歲時，在家鄉跟隨才旺晉美堪布修學佛法，從共同外前行開始。我緊張而興奮，每天關在自己的小屋裡沒日沒夜地修行。起初一切都正常，直到觀修壽命無常時，問題出現了：長時間保持同一姿勢觀想，使我的身體過度緊張而僵硬，對無常的深入觀察使我內心充滿沮喪、哀傷。我整個人緊繃繃的，生不起清明的覺察，應該達到的體驗也遲遲沒有出現，這令我既愧疚又焦急。終於我在本應閉關的白天，迷迷糊糊地走出了小屋。我不知道自己要去哪兒，只想擺脫心裡的困窘不安。

我的上師才旺晉美堪布把我叫到他的住處，對我說：「弟子，你應該把窗戶打開，看外面的虛空，寧靜而廣闊。儘量放鬆身心，凝視天空，慢慢地把心融入天空中，安住。」我按照上師的提示去做，果然很快走出了困境。才旺晉美堪布傳授的這個珍貴法門，讓我受用一生。放鬆下來，讓心與外界連接，不刻意追求任何狀態或結果，只是安住，這實在是最爲重要的修行。

兩千多年前，釋迦牟尼佛在菩提樹下睹明星而悟道，他不禁慨歎：所有眾生都有一顆本自具足的菩提心。不論我們曾經多麼貪婪、殘暴、奸詐、愚昧，都從未令它有絲毫減損。它一直在那裡，從未離開過我們，所以修行不爲再去成就什麼、證明什麼，而只是引導我們放鬆下來，慢慢去貼近本心。

我們之所以很難體會到本心，是因爲我們日常生活中的所作所爲，大都在牽著我們朝與本心相反的方向走。很多習慣，尤其是心的習慣，讓我們一而再、再而三地陷入窘境，比如前面說到的緊張對抗，還有趨利避害、推卸責任、自以爲是、太在意自己的方式等等。我們修行便是要以一種溫和的方式扭轉這些習慣，使自己逐漸擺脫困窘的境地。

趨利避害大概是所有衆生最根深柢固的一個習慣。趨利避害本身並沒有問題，我們想脫離痛苦、尋求解脫，這就是趨利避害的一種表現。但問題是很多人對趨利避害上了癮，只要一感覺不舒服，馬上就另外尋找慰藉，不給自己留一點時間去認知和體驗。

天熱要吹冷氣，天冷要開暖氣，風吹日曬很辛苦，出門要坐車。就在這個忙不迭尋找安適的過程中，我們不但錯過體驗四季的樂趣，而且還變得越來越脆弱，越來越容易受傷害。

對趨利避害上癮，也有人稱之爲「縱欲」。我們一般認爲燈紅酒綠、紙醉金迷才是縱欲，不過在較微細的層面上，只要有條件，每個人都願意縱欲，因爲縱欲是人們逃避不安的習慣性方式。

人們孤獨、煩悶或者感覺有壓力的時候，會喝酒、暴飲暴食、購物、打電話、上網、或者窩在沙發裡不停地換電視頻道，反正就是不想留一點空間給自己去面對那份孤獨、煩悶或壓力。用來幫助我們逃避不安的種種活動本身又會帶來新的煩惱和問題。**我們的初衷是讓自己免於痛苦，得到安適，而實際做的卻是用一種痛苦代替另一種痛苦**，如此循環往復，更強化了我們的恐懼。

以前的人排遣情緒還能寫信、看書或培養某種陶冶性情的愛好，而現在的人沒有那份耐心，除了對輪迴，對什麼都很快就厭煩。人生如朝露，可我們似乎還嫌它過得不夠快。現代社會處處可見許多人對趨利避害上癮。人們不能容忍哪怕是一丁點的不舒服、不滿足、不方便，所以不停地尋找安慰、便捷，並且相信能找到。

常聽人把煩惱增多、內心空虛歸咎於物質的繁榮，其實不盡然。物質會對人心產生一定影響，但關鍵還是人心在作怪。煩惱多，是因爲物質條件改善後，內心執著的東西更多了。以前你可能只有一支手錶捨不下，現在卻有房子、車子、存款時刻牽著你的心。內心空虛也是因爲物質豐富後有更多逃避痛苦的選擇，你可以更頻繁地變換安慰的方式，結果你便更頻繁地感受到不滿足和挫敗。

大家還記得小時候吧，特別是在物資短缺年代裡長大的孩子，一塊糖、一件新衣服就能讓你高興很久。當你從父母或其他人手裡接過這樣的禮物時，你心裡充滿了感激。你會說謝謝他們，你會非常珍惜那塊糖，並用心去品嚐它的味道；你會懂得欣賞自己的新衣，並且眞心讚歎它的美好。

可是隨著年齡的增長，你眼裡的禮物越來越少，你能得到的越來越多的東西都被認爲是理所應得，因爲你聰明、能幹、努力。然而，這個世界上聰明的人很多，自閉症患者中不少就是某些領域的天才。能幹的人也很多，努力的人就更不用說，你看建築工地上的那些工人，誰不比你辛苦？但是，並非所有比你更聰明、更能幹、更努力的人都過得比你更富足安適。只能說你比他們幸運，而你卻忘記感念自己的福報。

我並不是說人生在世就應該低頭承受痛苦。其實不是我們自己選擇受不受苦的問題，佛陀早就告訴過我們：諸受是苦。

世上沒有一件事物是恆久不變的，所以我們擁有、經歷的一切都會帶來不安全感。這恐怕是無人能倖免的一種痛苦。此外還有各種各樣粗大的、細微的、強烈的、溫和的痛苦伴隨著我們短暫的一生，你也可以把它們稱爲壓抑、孤獨、怨恨、哀愁、恐懼、貧窮等等，這些東西無論我們現在做得好或不好，都會出現在我們的生活中。按理說，我們對痛苦應該很熟悉了，但事實正相反，我們只是熟悉自己面對痛苦時的那份恐懼和挫敗，對痛苦本身卻從不敢湊近仔細看看。

我從小到現在生過四次大病，每一次對痛苦的體會都不同。第一次是十歲左右出水痘，周圍的孩子很多都因爲這個病死掉了。我們那兒的人相信水痘出來之前喝水會危及性命，所以我連續幾天喝不了水。我眼巴巴看著別人喝水，心裡想：「這個病快點好吧！好了我就快樂了，我一定要喝很多很多水。」

第二次是在十一、二歲時被火燒傷雙腿。那時也沒有條件定期換藥，只能聽任兩條腿反覆發炎流膿。鄉鎮的獸醫偶爾會幫我消炎，每次都疼得喘不上氣來。因爲我害怕他，才忍著疼不敢吭聲，但對其他人，我從不讓他們動我的傷口。兩條腿爛了快一年，村裡人都說我會成爲瘸子，可我一點都不在乎，只是擔心自己會錯過許多玩的機會。等我稍爲能站起來，便立即瘸著腿出去玩耍了。

第三次生病是十八歲在佐欽熙日森藏文大學求學時，長期的營養不良和勞累過度令我虛弱不堪，而這時突發的嚴重胃病一下把我擊倒了。臥床半個月，情況越來越糟。那時我倒不擔心自己就要死了。貧病交加，客死他鄉，並不可怕。藏地每一個修行人從踏上修行之路的第一天開始，就想好要遠離家鄉，去到無人之地，隨時準備死在溝壑之中。我唯一遺憾的是還有那麼多珍貴的教法沒有學。

第四次生病是在一九九〇年，心臟病又一次把我推到死亡的邊緣。雖然那次搶救回來了，但心臟病從此與我結緣，時好時壞，不斷給在身邊照顧我的弟子製造驚嚇。對我這個普通修行人而言，病痛給了我觀修出離心和菩提心的大好機會，讓我眞切體會到生命的脆弱與無常，往往就在你最意想不到的時刻，死亡突然降臨，說走就走，沒有半點通融，再多的牽掛也得放下。

由自己的病痛，我體會到他人的痛苦。那個截肢的小夥子，那頭待宰的犛牛，那個在廢墟裡尋找孩子的母親……，他們與我不再疏離，他們的痛苦，我的痛苦，原來是相通的，原本就是一個東西。

我的這四段經歷可以代表人們對痛苦的四種態度：

有人希望痛苦儘快結束，結束了就會一直幸福下去；有人在痛苦的同時不忘享樂，痛苦並快樂著；有人雖然不再懼怕痛苦，但痛苦妨礙了他的修行；有人擁抱痛苦，在痛苦中找到通向自由的路途。

最近一位弟子跟我講述了她的一次體驗：

她因爲疏忽而被人利用，深受傷害。如果按照以往的經驗，出現這麼大的危機，她的生活肯定會變得一團糟，她一定會驚慌失措，拼命想辦法報復和彌補。但是這一次，她決定逆習慣而行，不急於自責或責怪他人，而是放鬆下來，讓內心保持開放，去深切而清晰地感受那被傷害的痛苦。雖然同樣會驚慌、壓抑、懊悔，但她驚奇地發現自己的心裡有一個柔軟的東西，那竟是對自己、對傷害她的人，對所有人、所有眾生的一份悲憫。

全力以赴、苦心經營的生活原來是那麼不可靠、不堪一擊。生平第一次，她體悟到了出離心。

一般情況下，當人們遭受痛苦，尤其是受到傷害時，心量會變得狹小。最好整個人都能縮進一個桃核裡，以爲有堅硬的外殼保護會安全些，而實際上這只會使內心更加壓抑和僵硬。不如把心打開，讓自己暴露在痛苦中，讓那種強烈的感受去瓦解心裡根深柢固的觀念和習慣。這時，我們的本心，或者它折射出來的慈悲心、出離心、菩提心才會有機會顯現。

把自己看得太重是我們另一個頑強的習慣。雖然我們都知道佛陀的教誨——我執乃痛苦的根源，但回到日常生活中，我們依然把什麼好的都留給自己，自以爲是，特別在意自己的那一套，遇到問題就責怪別人。

抓取這個動作暗示著內心的恐懼。嬰兒初生到這個陌生未知的世界，拳頭是抓得緊緊的。我們緊張、害怕的時候也都不由自主地握緊拳頭。因爲我們一輩子都在擔心失去，便一輩子都在抓取、囤積，永遠缺乏滿足感。

佛陀教我們佈施，透過給予來消除那種貧乏的感覺。有人需要食物，如果我們有食物，就給他；有人需要衣服、藥品、金錢、安慰、關心，如果我們能做到，就去幫助他。

佛陀住世時，曾經有個小孩來到佛陀面前討要東西。佛陀說：「你說一句『我不要』，我就給你。」可是那個小孩害怕一說「我不要」就得不到東西，怎麼也不肯說。幾次三番討要後，見佛陀依然堅持，小孩只好勉強說了聲「我不要」，結果立刻得到了自己想要的東西。

佛陀對身邊弟子說：「這個小孩無始以來吝惜成性，別說行動上眞的放棄，就連嘴上說一聲『我不要』都從未說過。今天讓他說了一聲『我不要』，便是爲日後的解脫種下了一點善根。」

從抓取轉向捨棄，彷彿是個重大選擇，而實際上我們別無選擇。不管願不願意，我們一生都在失去。青春、歡笑、淚水、成功、失敗、愛、恨，乃至整個世界，都會離我們而去。

佈施的關鍵不是這樣做到底能爲他人解決多大的問題，而是我們能借此學習放下自己的執著。外在的行爲久而久之會影響心態，習慣佈施的人比較容易讓事情離去。

以前有個小偷向法師求解脫的法門。法師問他會做什麼，他想了想說：「我什麼也不會，只會偷東西。」法師說：「很好，你把自己偷光就可以解脫了。」

看看現在的自己，仍然活著，仍然能夠感受喜悅和美好，儘管幾十年的人生已經遺失，許多自認爲捨不掉的東西也都捨棄。我們突然間發現，其實自己從一開始就沒有什麼好失去的。

我們自以爲經驗老到，對什麼都了解，而絕大多數時候我們不過是憑概念、靠聯想在理解世界而已。在一般人眼裡，白色是純潔、玫瑰是愛情、海灘是度假、下雨是攔不到計程車。事物所引發的聯想遠比其本身更受重視，可是用清新、開放的眼光看事物，親自去感受、認知內心世界和外部世界，不僅需要勇氣，而且還很辛苦。不知是我們的自以爲是助長了我們的懶惰，還是反過來，總之，我們現在是又固執又懶惰，並且認爲這正是熱愛、肯定生活的表現。

通常情況下，面對任何一件事物，我們的第一反應都是判斷：「對的」、「錯的」、「有利的」、「有害的」、「同意」、「不同意」，然後我們根據自己的判斷開始大聲、小聲、無聲地發表議論，像個喋喋不休的評論員。這種急於判斷的習慣和固有的觀念讓我們沒有辦法清楚認識事物。

有位弟子跟我講過他親身經歷的一個實驗：

在高階經理培訓課上，老師請學生看一段幾分鐘的影片，並請他們注意影片中一共有幾個白衣人出現。開始放影片了，畫面上有一群穿黑色衣服的人在跳舞，他們各行其是，旋轉穿插，毫無規律。這時一個白衣人進入畫面，扭了幾下走開了，接著又有兩個、三個以及更多的白衣人進來又出去。學生們聚精會神看完影片，所有人都能準確無誤地告訴老師前後共有幾個白衣人出現過。

這時老師微笑著問大家：有沒有人看見黑猩猩？什麼？除了黑衣人、白衣人，還有一隻猩猩？全班竟然沒有一個人發現！大家紛紛猜測那一定是躲在背景或角落裡的一個猩猩圖示，或是某個跳舞者佩戴的小裝飾，大家太專心數人數，沒注意到這些枝微末節。可是老師說那是一隻跟人一樣大的猩猩，還跳舞了。

這怎麼可能！全班幾十位才智過人的「社會菁英」，居然會缺乏觀察力到這種地步？大家誰也不信，堅決要求老師重放一遍影片。這回，不用數白衣人，也不用數黑衣人，什麼都不用做，只是看影片。果然，影片放到一半時，一個人裝扮成一隻黑猩猩闖進來，在畫面中央手舞足蹈相當長一段時間後才離開。這回所有人都看得清清楚楚！

這不是一個很有啓發性的實驗嗎？

我們自以爲明察秋毫，但往往只能看見我們想看見的東西，聽見我們想聽見的聲音，而不是我們能看見、能聽見的東西。

佛陀教我們以開放的心去看去聽，只有這樣才能眞正看到和聽到。當年他在印度鹿野苑初轉法輪，宣講的第一則開示便是：「此乃痛苦，當知痛苦。」身處痛苦中，應該了知自己在痛苦中，痛苦就是痛苦，不要把它誤解成別的。

有一些成見和誤解比較容易糾正，我們只需稍稍改變心的習慣就可以，但還有一些錯誤的假設從古遠以來相傳至今，已經成爲眞理和常識。我們如果想活得更眞一點，有時就不得不做個沒有常識的人、甚至是叛逆者。

想想那些捨棄今生的修行人，他們拒絕謬誤，也不想躲在別人的經驗裡混日子。他們覺得受夠了捉弄，於是堅決遠離了這套騙人的把戲，開始眞心誠意去認識和感受萬事萬物。雖然不是所有人都能做到這麼堅決，但至少我們可以承認自己無知，不再固執己見，不再懶惰地滿足於過「二手生活」。每天讓自己的心安靜片刻只爲單純地去聽去看去感受。

自以爲是不僅割離了我們與當下，而且還使我們更容易受侵犯，也更容易侵犯別人。

我們很在意自己的那一套。打開電視，總是看見有人在講自己的心得：怎麼做飯、怎麼化妝、怎麼減肥、怎麼成功、怎麼理財。

滿街的人都梳著同樣風格亂蓬蓬的髮型，一到公共場合就都對自己的手機產生強烈的興趣，大家的心都同時隨著股市的漲落而起伏跌宕，可是我們依然認爲自己與眾不同，很有一套。

這種自我欣賞阻止了我們與別人正確地相處與交流。一些人像是患了某種特殊的「自閉症」，在任何場合都熱衷於自言自語。更多的人呢，不但覺得自己什麼都對，而且必須得對，如果別人不能苟同我們的意見，便感覺很受傷，很不舒服。

面對任何一個人、一件事、一種狀態，你都需要立即得出結論：什麼是對的，什麼是錯的，否則你就沒有價值感、安全感。我們的信念、理想、價值觀什麼的往往被利用來強化自我、排斥他人，不信就看看吵架的、衝突的、戰爭的各方，沒有一個不認爲自己有理的。

日常生活中，自以爲是有時還表現爲自卑。堅持認爲自己一無是處，在任何情況下都不改變這個觀點，這不是自以爲是又是什麼？

自卑與自負一樣，遮蔽了我們的當下，使我們不能清楚地認識自己，同時也阻礙了我們與外界的交流。因爲缺乏交流，我們感到孤單、孤立。

「認爲自己是唯一的」會放大我們的感受。比如說參加考試，如果有一半人通過而你是其中之一，你會很高興；但如果只有你一個人通過，你就不僅是高興，簡直是欣喜若狂。同樣的，如果有一半人被淘汰，而你是其中之一，你會很沮喪；但如果只有你一個人被淘汰，你就不僅是沮喪，而會覺得自己是世界上最冤、最不幸的人。當你處於情緒的低谷而又孤立、封閉時，你很容易就會認爲自己比所有人都更悲慘、更不開心。事實上，你的情況肯定比你想像的要好。

現在很多人因爲承受不了痛苦而自殺，每次我聽到這樣的消息都難過極了。死亡對他們來說是多麼巨大的未知，而未知有多大，恐懼就有多大。死亡的過程中四大分離，那種痛苦根本不是活著的人所能想像。儘管如此，他們仍然選擇死亡，可見他們生前感受的痛苦的確是到了無法承受的程度。

前面我們講到痛苦不是一兩個人的經歷，而是眾生的經歷，所以不要相信有個叫「命運」的傢伙在專門與你作對、故意要整垮你。你的感受只是眾生普遍的感受，所以你沒有被遺棄。如果你能放鬆下來，單純地去感知那份痛苦，並且放掉對自己的擔心、憐憫、評斷，不再只是在「我對我錯、我行我不行」的圈子裡打轉，而去與外界溝通，願意欣賞一下花草和晨風，痛苦也許依然強烈，卻不會再讓你窒息、讓你絕望到走投無路，因為此時你的心打開了。

也許有人會覺得放掉這個、放掉那個，說起來容易，而實際做起來，委屈、無奈、懊悔、愧疚、惶恐、挫敗的感受是那樣強烈而眞實，不是自己不想擺脫，而實在是無力擺脫。

如果是這樣，也就不必急於放掉什麼，不要再為難自己，你已經很不開心了。有那麼多煩憂傷痛要放在心裡，你該需要一顆多麼大的心啊！那麼就給自己一分鐘，閉上眼睛，想像一下自己的心在慢慢擴大。它很柔軟、很有彈性，慢慢地，它把這個傷痕累累的自己包容進它的溫柔之中。它擴大到整個房間、外面的院子、街道、行人、橋樑、城市、江海、山峰、天空、日月、星辰……，專注在那種可以無限延伸的開闊感中。當你再次睜開眼睛，你會感覺好一點。

我們拒絕與他人溝通，通常是因為我們覺得那些人不會理解我們。我們排斥他人什麼，實際上正反映出我們排斥自己什麼。如果你覺得別人不會理解你，說明你也根本不想去理解別人。如果你討厭別人貧窮，說明你害怕自己貧窮。如果你排斥別人的淺薄、狹隘、冷漠，說明你不想面對自己身上的這些東西。所以，**我們只有不排斥別人才能接受自己**。

一些修行人爲了訓練這種開放能力，故意要與難打交道的人相處。印度的阿底峽尊者來藏地之前，擔心藏地人太和善溫良，自己找不到修心的對境，故而特意把一個脾氣乖戾、總愛挑他毛病的侍者帶在身邊。

雖然我們都把自己看得很重，都想對自己好，可令人難堪的是，習慣讓我們看起來像個傻瓜，所作所爲全都在讓自己更困惑、更痛苦。現在就開始改變這些習慣吧，這就是出離。

比如下次遇上塞車，看看自己會有什麼習慣性的反應：惶惶不安？牢騷滿腹？神經質地不停看錶？掏出手機開始跟朋友抱怨？批評前面的車、前面的司機、路上的員警、失靈的紅綠燈？或是打開廣播、CD，讓自己更加心煩意亂？就這麼看著自己，不去評斷也不刻意糾正。遇到情況不立即被情緒淹沒，而是看看自己的反應，這就是改變。下次遇上塞車，再看看自己是怎麼發牢騷、看錶、打電話、一刻不停地折騰。第三次、第四次及以後遇上塞車，仍然是這樣觀察自己的反應，終於有一天你會覺得自己很可笑：發牢騷、看銀、打電話、折騰，怎麼每次都一樣，不能有點創意嗎？

所以，下次再遇到同樣情況時，你會做點不同的事情：眞正去聽一聽廣播裡的人在談什麼，欣賞一首歌，體會旁邊那個司機的焦慮，想想因爲塞車有哪些安排需要調整……，總之，你不再跟自己較勁了。

輪迴是一種慣性，不斷改變習慣，能讓那股巨大的慣性慢慢地停下來。

傳統上，我們把出離心解釋爲厭離輪迴痛苦、追求解脫安樂的心。痛苦由執著而來，所以我們實際要遠離的是執著。什麼是執著呢？什麼都可以是執著。這就使出離成爲一件不得不心無旁騖、精進不懈去做的事，因爲事事處處、時時刻刻都是陷阱。

一位修行人曾經去拜見上師蔣揚欽哲旺波，路上他把自己的東西全都佈施了，只留下一個木碗，那是他心愛之物。來到上師住處，看見滿眼的金碧輝煌，他不禁想：「人們不是都說夏扎（一無所有的）蔣揚欽哲旺波嗎？怎麼住在這麼奢華的宮殿裡？」這時，蔣揚欽哲旺波指著他笑罵道：「你們這些尋思者，我對這滿屋金銀珠寶的執著遠不如你對那個木碗的執著！」說完，搶過他的木碗砸掉了。

出離就是這樣，不看表象，只看內心。

希阿榮博

二〇〇八年十月二十三日

藏曆八月二十五空行母節日

弟子整理

3
菩提心

缺少對自己的慈悲，很難真正對他人慈悲。不往內觀照，無法真正消除迷惑；而不心懷溫柔，修行便只剩下受苦。慈、悲、喜、捨都是從內心的溫柔中生起的。

佛教徒是決心與自己親密相處的人。

親密相處有兩層涵義：一是誠實地覺察自己身、語、意的所有活動，二是柔和地對待自己。如實觀察往往會讓我們看到自己的狹隘、冷漠、混亂，我們本以為自己各方面都不錯，現在卻發現全不是那麼一回事。這大概是許多佛教愛好者，信佛多年仍不肯開始眞正修行的原因。直面自己的缺點，遠不像談玄說妙、做做表面佛事那樣，可以滿足虛榮心、帶來成就感。不過，另一些人的做法正好相反，覺察的結果使他們非常沮喪，他們下決心要弄明白自己為什麼會這麼狹隘、冷漠、混亂。苛責讓他們失去幽默感，變得越來越酸澀，對自己、對他人及周圍的一切都感到厭惡。

不往內觀照，無法眞正消除迷惑；而不心懷溫柔，修行便只剩下受苦。慈、悲、喜、捨都是從內心的溫柔中生起的。

我們常說要有慈悲心，可是慈悲不僅是針對他人，也針對自己，並且首先是針對自己。缺少對自己的慈悲，很難眞正對他人慈悲。

在開放的心中懷著敬意看待自己當下的體驗，尊重自己的洞見，不否認自己的缺點和過失，也不認為自己一無是處而失去內心的莊嚴。即使面對自己的狹隘、冷漠、混亂，依然不忘記知足和感恩，做到這點對修行人來說之所以重要，是因為我們只有不放棄自己，才會不放棄他人；只有尊重自己內心的感受，才會願意去體念他人的感受；只有相信自己覺悟的潛力，才會相信他人覺悟的潛力，並因此走上大乘菩薩道。

大乘佛教徒爲了一切眾生的最終解脫而發願修行佛法、證得無上正等覺，這種發心稱爲菩提心。

在輪迴裡流連日久、被貪瞋癡慢疑訓練有素的我們，要生起眞正的菩提心談何容易。不過，我們還是要發願，哪怕不是十分的誠心甚至帶著疑慮，也還是要表達自己的這個願望。我們的心有一個特點，就是可塑性極強，只要不斷訓練，什麼假的在我們心裡都能變成眞的。久而久之，假裝發心也能把眞的菩提心激發出來。

菩提心並不是一個空泛的概念，它以慈、悲、喜、捨四無量心爲基礎，有著詳實的建立步驟。

一、四無量心

「願諸衆生永具安樂及安樂因」，希望所有衆生都快樂，這便是慈心。

慈心相當於內心毫無偏見的友愛之情，培養慈心也可以看做是培養愛的能力，學習以眞誠和善意去對待眾生、與外界相處。對普通人而言，一開始就平等地關愛所有眾生頗爲困難。通常我們從自己開始，願自己快樂，然後懷著快樂的心情逐步將友善擴展到我們愛的人、親友、陌生人、讓我們憎惡的人，以及一切眾生。

有人告訴我：做善事後，如果只是把功德籠統地迴向給「一切眾生」並不難，但如果具體聯想到自己的敵人，則很難心甘情願地把功德也迴向給他們。

有這種想法很正常，因爲你心中的「一切眾生」只是一個名詞，沒有具體的內容，或者至少不包括那些你不喜歡的眾生。正因爲如此，我們才強調發願的對境是逐步擴大的。有偏見、有侷限都不是大問題，關鍵是不自欺、不敷衍。

對自己友善並不是放縱自己，因爲放縱只會讓我們越來越不尊重自己，而不能讓我們內心安樂。友善意味著以溫和的方式了解自己，帶著幽默感去觀察自己的傲慢、無知、冷酷、僵硬。這些東西雖然頑固，說到底不過是自心玩的可笑把戲，你弄清楚這把戲背後的玩法，就能逐漸不再被它迷惑。

透過對自己行爲和感受的觀察，我們會慢慢了解到什麼樣的行爲給自己帶來快樂，什麼樣的行爲造成痛苦。爲了讓自己快樂，我們將學會謹慎取捨身體和心的行爲。

在觀察自己的過程中，如果我們夠誠實和專注，就會發現很多時候我們都在不知不覺中傷害了自己和他人。我們喜歡誇大內心的感受，尤其是負面的感受，雖然這樣做會加重自己的痛苦，但我們因爲不想把心打開，不想原諒某個人，或者不想面對眞相，而寧願相信自己深受傷害。有時讓自己心碎比寬恕要容易、痛快得多。

由於缺乏覺察，我們不能看清事物的狀況，不能了知自己的眞實感受，而使自己處於不必要的傷痛、焦慮和混亂中。

即使出於善意，我們說話、做事的方式也可能給他人造成傷害，不過我們總以自己發心好爲理由而忽視這種傷害。事實上，這樣做只說明我們並沒有準備敞開心胸，在內心深處並不想要與他人交流。許多人在生活中面臨的最大僵局就是習慣性地封閉自己，排斥與外界交流，任何一樣東西都可能被用來搭建自他之間的藩籬。是非對錯、道德觀、價値觀、信仰都能成爲拒絕交流的好藉口。你認爲自己是對的，是站在道德、正義一邊的，所以有理由漠視對別人的傷害。或者，你認爲自己對生命、世界的了解更深刻、更透徹，因而很難向不信因果的人表示應有的開放和友善。

然而，大乘菩薩的友善是無條件的。我們可以一步一步來推進這種友善，前提是把心打開，讓所有我們祈願他（她）快樂的眾生都眞正進到我們的心裡。對我們來說，「衆生」不是**一個無關痛癢的辭彙，而是代表著在情感上能與我們相通相連的一個個具體的生命。**

培養愛的能力，如果你感覺從自己做起比較難，可以選擇任何一個最能激起你心底溫柔之愛和感激的人，真誠地希望他（她）快樂。然後你把這種愛和感激投射到其他親近的人身上，並祈願他們同樣獲得安樂。

對很多人來說，剛開始即使是對親人和朋友，也無法懷著無條件的友愛，但這沒關係，做作的發願也能幫助我們超越自己的極限。如果不是發願，我們恐怕永遠意識不到自己的麻木、狹隘：不要說每天與自己擦肩而過的陌生人，就連身邊的親友，又有幾人是我們關心的？

某些情況下，我們也許會發現對親近的人反而更難以無條件地去愛，因為親密的人之間往往有太多執著。我們心裡會有許多的期望和要求，要求對方完全理解、欣賞、領受、符合我們的心意，不然便感覺失落、痛苦。

束縛在這種心態當中，去愛就意味著準備去受傷害。越是關係親近的人越容易鬧彆扭，比如父母與子女之間、夫妻之間，都是真心實意地為對方好，可也常常因為這種滿帶著欲求的好而彼此受傷害。對親近的人，我們並不缺少愛，而是缺少寬容和放鬆。

作為修行者，不妨提醒自己：生活中遇到的每一個人都會令我們的人生有意義，但那些愛我們的人，讓你我的人生不僅有意義而且美好。僅為這一點，我們也應該對他們心懷感激。

為不相干的人或陌生人發願是一個更大的挑戰。只是想像一下街上人頭攢動的景象，然後籠統地說一聲「願他們快樂」，似乎不夠眞誠。我們可以把祈願落實到日常與人相處中，讓每一個與我們接觸的人都感覺到我們的善意。

也許那一整天他都很不順利，但我們的友善讓他的心頭鬆了一下，這就是很好的開始。接下來我們可以爲遇到的人發願，希望他的好心情能保持長久一些。人心是相通的，如果我們護持著心中的善願，其他人必定能感覺到它的溫暖，儘管他們也許會不承認或不表現出來。當我們向他人表達善意時，如果不期待對方也同樣做出善意的反應，我們就會更加輕鬆、投入。其實，內心越來越寬闊、堅強、溫柔，這便是我們能得到的最好回報，也是我們自己快樂的源泉。

爲憎惡的人發願是極爲艱難的，所以我們把它留到最後，等自己已經習慣善待很多人之後，再進一步挑戰自我的極限。從最初的不能善待自己到善待陌生人，我們的心量在不斷擴大。冷漠往往不是因爲缺乏愛的能力，而是因爲不相信自己敞開心胸的能力。

一個神智清明的人，在正常情況下是不會以害人爲樂的，所以面對傷害過我們的人、與我們作對的人，讓我們難堪、討厭的人，我們可以去體念他的煩惱，檢驗自己的寬容和開放能力。可惡之人總能一眼看到我們的弱點，直戳痛處，因此與他的相遇正是我們修行的良機。一切痛苦都來自於自己的執著，如果有人讓我們痛苦，我們首先應該檢視的是自己。從這個角度來說，可惡之人是我們的老師，他會毫不留情地指出我們的執著在哪裡。對這些以怨敵形象出現的老師，不論我們現在感覺多麼難以接受，最終都會眞誠地希望他們快樂。沒有他們，我們在仁愛的道路上眞的無法一次又一次超越自己。

最後，我們懷著善意祈願一切眾生，包括自己、他人、大小動物以及其他世界存在的生命，永具安樂及安樂因。

「願諸衆生遠離痛苦及痛苦因」，希望所有衆生都遠離痛苦，這就是悲心。

無論生活際遇如何，我們都要發願活得快樂，而悲心是在此基礎上，更要有勇氣，願意去經驗痛苦，不僅爲自己，還要爲他人。

與慈心相比，悲心需要更多的溫柔和堅強。肯去感受痛苦不是因爲嗜苦成癖，而是痛苦讓我們放下驕傲，看到自己脆弱的一面，並透過它，體念到其他人的恐懼、傷痛和煩憂。人們常常因爲感覺到自己的脆弱而變得充滿攻擊性，試圖以生硬和殘忍來保護自己。悲心的訓練卻是反其道而行，因悲憫自己而悲憫他人。

對自己最好的保護不是讓別人痛苦，也不是讓自己免受痛苦，這兩者都只能使我們更加冷漠和孤立。如果意識不到這一點，我們就會一直傷害他人，傷害自己。

學著以開放的心胸去經歷痛苦，我們將不再疏離地看待其他眾生的苦，而且對苦的根源會有更深刻的認識。這時，「願諸眾生遠離痛苦及痛苦因」的願文在我們心裡就有了更真誠而具體的涵義。

我總記得少年時期跟隨老堪布赤誠嘉參外出傳法，無論是灌頂還是講經，每念到與眾生痛苦相關的內容，堪布都會落淚。有時很大的法會，下面坐滿信眾，他照樣涕淚直流。我那時年紀小，不懂事，覺得堂堂一個堪布竟在法座上哭得稀哩嘩啦的，很令人難堪，因此私下提醒他不要那樣。我們親如祖孫，無話不談。老堪布很抱歉地跟我解釋說，他想到眾生的痛苦，心裡實在難受，眼淚忍也忍不住就流了出來。等我長到能理解老堪布的悲心的年紀，他老人家已經圓寂了。

悲心的訓練與慈心一樣，也是從自己或任何一個最能激起你悲憫之情的人或動物開始，逐步擴展到親人、朋友、認識卻不相干的人、陌生人、憎惡的人及至所有眾生。

自己在經歷痛苦時，努力保持住覺察，看到情緒的變化，看到自己的反應，看到脆弱、怨恨和驚慌，同時儘量把心敞開。這時你能了解報紙上、電視裡、書本中那些遭遇不幸的人心裡的感受了。他們無論做什麼，你都不會詫異，你都能體諒。謙卑、寬容、感恩這些詞語背後的深義，此時你方開始理解。

當我們看到苦難的景象，不要馬上把頭扭開，在自己能承受的範圍內，去體驗其中的痛苦，並盡己所能地伸出援手。這是我們學習如何生活的重要課程。

寂天菩薩在《入菩薩行論》中詳細講述了自他相換的修法：把痛苦、煩憂吸進自己心裡，把喜樂、輕鬆釋放出來。

自他相換又稱爲施受法，即施與和接受。日常工作、生活中的各種具體情境下，隨時隨地都可以透過觀想爲自己和其他眾生修這個法。比如自己感覺到壓抑、疲憊時，先安靜片刻專注於內心的感受，看到那個在壓力下疲憊不堪的自己，然後深深地吸氣，把壓抑、疲倦等不適感吸進來，呼氣時把輕鬆和旺盛的精力送給自己和其他人。

吸氣和呼氣過程中的觀想可以非常具體。如果你的朋友不小心把手割破了，你可以儘量去觀想他的傷口，去感受他的疼痛，然後透過綿長的吸氣把那種痛感吸進來，呼氣時觀想給他送去ok繃、消炎藥和止痛藥。如果你知道對方最需要什麼，或者什麼東西最能令對方歡喜、放鬆，你就可以在呼氣時觀想送給他什麼，一杯清茶、一段音樂……都可以。如果你不知道該送出什麼，則設身處地想像一下自己在同樣情境中會需要什麼，然後把它送出去。

悲心的基礎是平等。有上下之分、人我之分，便無法完全體悟萬物同源的那份親情。不要以高高在上的姿態去可憐那些境況不佳的人，那樣我們非但不能經驗、分擔他們的痛苦，反而會給他們造成新的傷害。被人憐憫的滋味是不好受的。人在困境中比其他任何時候都更需要平等的溝通，所以我們發悲心時要有溝通的強烈願望。我們做的不是施與，而是分享。

當然，謙卑到任人踐踏也是不可取的。把自己放得太高或太低都無法實現順利的溝通。慈悲是眞心希望所有眾生都得到安樂、遠離痛苦，有時一味退讓只會助長他人的侵略性和執著，卻不能使他們快樂或免於痛苦。

有悲心自然會遠離瞋恨心，但實踐中某些人的悲心卻有可能引發瞋恨心，比如在放生時會對殺生者產生強烈的偏見。這時不妨看看自己的心，我們很顯然是把自己歸入了代表道德、正義和值得拯救的一邊，而對方則是無藥可救、不值得慈悲的。人的劃分可沒有這麼簡單。

每個人都有良善的一面，也有黑暗的一面。只要內心還有執著，就不能避免對人對己的傷害，所以嫌惡那些無明習氣更重的人，就像是五十步笑百步。一個人不會因爲貼上了道德或不道德的標籤，就能解脫或不得解脫，解脫超越了這些。

慈悲行者堅信一切眾生解脫的潛力，因而不肯捨棄任何眾生。

我小時候常因出身不好受人欺負，心裡也會生起氣惱的念頭，但那只是小孩子一時的衝動，事情過去就過去了，不會對任何人記恨在心。學佛後，面對破壞佛法、毀謗上師的人，要說我當時一點想法也沒有，那是打妄語，但是我沒有眞正怨恨過一個人。對他們，我反倒更加同情。社會上很多人羡慕權勢、財富和能力，但這些東西若運用不當，便會成爲造惡的條件。不僅如此，人生短暫，榮華富貴到頭也不過幾十年，死時什麼都帶不走，反而因爲放不下的東西更多而更加痛苦。

慈悲心的訓練讓我們的氣度逐漸開闊，平和之中帶著喜樂。

喜樂針對自己是感恩，針對他人是隨喜。

法王如意寶曾說感恩是最爲寶貴的一種品格。對罹患滿足感缺乏症的現代人來說，喜樂是個陌生的東西，不知感念自己福報的人，大概很難理解那種無所希求的歡喜。

在藏地，傳統佛法教育的第一步就是觀修暇滿難得，對自己值遇的一切由衷地珍惜和感激。一般人能做到珍惜美好的經歷，而修行人卻要在困境中依然感念自己的福報。我有一位弟子，他的未婚妻八年前患尿毒症，長期靠洗腎維持生命。從二十幾歲到三十幾歲，人生中最美好的時光，他們相伴相隨在醫院的病房裡輾轉度過。他們沒有自己的房子也沒有積蓄，卻過得平和安樂。他們從不抱怨什麼，反而眞心地認爲生而爲人、得聞佛法的自己非常非常幸運。

由於珍惜和感激，我們做任何事情都自然而然心懷恭敬。在這個浮躁散亂的年代裡，很少有人能靜下心來莊重而專注地做事，所以我們的生活中少了很多優雅的東西。喜樂幫助我們找回內心的莊重和優雅。

爲別人的成功、健康、善舉、快樂等而高興，就是隨喜。只有開始隨喜這項訓練時，人們才會看到自己的嫉妒心有多麼強，多麼容易被激發。

看似輕而易舉的隨喜，實際做起來卻有相當難度，必須像訓練慈悲心那樣，有步驟地逐漸擴大隨喜的範圍。是從親近的人開始還是從陌生人開始並不重要，關鍵是找到最容易把「真替你高興」說出口的對象。有人也許更容易嫉妒近在身旁的人，而對漠不相干或遠處的人是否比自己好沒有太大反應；有人恰好相反，隨喜親友不成問題，卻見不得其他人走好運。

沒有人願意承認自己嫉妒心強，但也很少有人能毫不費力、心甘情願地隨喜他人。

大家都知道嫉妒除了蒙蔽我們的雙眼，使我們看不見別人的優點，並讓我們的內心備受煎熬外，什麼好處也給不了我們。可是因爲嫉妒總能僞裝成其他情緒，我們一不小心就會受它所騙。你力求冷靜和客觀，有可能只是你不想隨喜讚歎某人。你的委屈和失落也許不過是嫉妒心在發作而已。

嫉妒善於僞裝，不過說實話，我們心裡還是一眼就能把它看破，只是對外不想承認自己妒火中燒罷了，因爲我們潛意識裡不想讓別人知道自己的弱點在哪裡。**嫉妒表面上是對別人不滿，實際上反映的是對自己不滿。我們在哪些方面意識到自己的不足，就會在哪些方面表現出**

對別人的嫉妒。從這個角度說，嫉妒心像是探照燈，能夠照見潛藏在內心深處的不滿和執著。如果我們能訓練自己逐漸放鬆這些不滿和執著，就能慢慢減弱嫉妒心，嘗試去隨喜別人的功德。

慈、悲、喜心都強調平等。大乘修行人不會爲了顯示公正而力求平等。只因爲內心夠開放，對一切都能欣然接受，他的所見往往超越了人我、親疏、好惡，所以他能自然地平等對待眾生，包容一切，毫無偏見，是爲捨無量心。

傳統上，四無量心的訓練一般都從捨心開始。捨乃慈悲心的起點和基礎。《普賢上師言教》中有一個生動的比喻：修捨無量心就像歡迎所有人參加一場宴會，沒有人會被拒於門外。

我們把慈、悲、喜、捨分開來講是爲了訓練更加方便、有力，實際上這四無量心並非各個獨立。慈悲、歡喜若非以平等心爲基礎，則不夠清淨，不是無量心。所謂無量，是指發心的對象範圍廣大，無邊無際、無有窮盡；發心的功德不可計量。平等心中若沒有慈悲、歡喜，就變成了冷漠和無動於衷。四無量心是你中有我、我中有你，彼此涵蓋、融會貫通的。

二、願行菩提心

在四無量心的攝持下，我們願一切眾生獲得無上正等覺，徹底擺脫痛苦、得到安樂，這種發願稱爲願菩提心。

你可以願自己先覺悟，之後再引導眾生離苦得樂，也可以發願與其他眾生一起渡過輪迴苦海，到達解脫的彼岸。或者像普賢菩薩、地藏王菩薩那樣，除非所有眾生都自由解脫，否則誓不成覺。

發心有大小而無優劣，每個人都可根據自己的因緣發菩提心。只要誠實並且是眞心爲了眾生的解脫，發心無論大小都値得讚歎。如果只是爲了做一個「標準」的大乘菩薩，覺得「應該」有最大的發心而去發心的話，則沒有必要。

發菩提心之後，我們還是會自私、愚昧。沒有關係，每個人都會這樣。從生起菩提心到圓滿證悟之間，還有很長的路要走，所以我們用佈施、持戒、忍辱、精進、禪定、智慧等六種有力的方法攝持自己的言行，以幫助實現願望，這便是行菩提心。

願、行菩提心統稱爲世俗菩提心。經過長期修行，不斷積累福、慧資糧，我們最終將見到諸法實相，即勝義菩提心。勝義菩提心只有透過修行才能證到，而世俗菩提心則是經由儀軌發願、受持，並以六度萬行令其日益增上。

初學者的世俗菩提心毫無疑問帶有做作的成分，不過持續的薰習最終能將做作的菩提心轉化爲自然流露的菩提心。

六度，梵語稱六波羅蜜，意爲「渡到彼岸」。

渡到彼岸比喻我們借助這六種方法，超越二元對立的狹隘思想，達到豁然開朗的自由境地。

六度涵蓋的範圍非常廣，寂天菩薩的《入菩薩行論》和月稱菩薩的《入中論》等所講的即是六度。這裡只是簡單地闡釋六度的基本涵義。

六度不是「優秀佛教徒」的行爲準則，不是「必須這樣」、「不准那樣」之類的硬性規定。在大乘修行者的世界裡，菩提心攝持下的一切行爲都是方便善巧的。

1. 佈施

不是因爲你是佛教徒，不對弱者表示同情便覺得很沒面子，你才去佈施。出於宗教或哲學的動機去行善，是不符合佛陀教法的。

佈施的精髓是捨棄貪執。把自己不要或不看重的東西送出去，不論東西本身貴重與否，都不算清淨的佈施。

我們透過佈施來破除自己的貪愛和執著，所以並不存在施惠於人這回事，也就沒有必要居高臨下、沾沾自喜，或爲佈施的結果牽腸掛肚。

佈施是在自己能力所及的範圍內給予。如果別人需要的東西，我們有，就給他。爲了佈施而刻意去爭取、去積累財物，佈施本身便成爲一種執著，顯然與佈施的精神相違背。對已擁有的，隨時能放棄；對未擁有的，不再貪求，內心滿足，這便是最好的佈施。

上面講的主要是財物佈施，但同樣的原則也適用於法佈施和無畏施。

2. 持戒

戒律常被人誤解爲束縛。

把自己五花大綁，困在條條框框之中動彈不得，這只是跟自己過意不去，佛教徒的持戒不會這樣生硬無趣。

戒律指適當的行爲，持戒是在適當的時候做適當的事，其目的是不傷害包括自己在內的一切眾生。

留意觀察言行，我們會發現自己總是在錯誤的時間、地點做錯誤的事，像一隻闖進瓷器店的大象，把周圍弄得一團糟，自己也滿身是傷。

佛陀慈悲地教我們應該怎麼做才能協調起來，不再因為笨拙而受苦。看見我們裝模作樣、自欺欺人而又總是弄巧成拙的情景，諸佛菩薩都會發笑。所以，持明無畏洲說：「持戒就是所作所為別再讓諸佛菩薩發笑了，不然在他們面前該多麼難為情。」

3. 忍辱

行為精準意味著我們需保持正念，不輕易對狀況下評斷、做反彈，這正是忍辱的要義。

任何情況都能適應，任何可能性都會被接受，大乘修行者的內心始終是開放的。沒有趨避，所以沒有恐懼，也不會不耐煩。他的心太柔韌、開闊，可以無憂無懼地包容一切。修忍辱波羅蜜的行者就像大地，因為有承載萬物的能力，才匍匐在萬物的腳下。

4. 精進

透過佈施，我們學習放下貪著；執著減輕，行為便不那麼容易造成傷害，這是持戒；不容易起瞋恚心，這是忍辱。生活中由此而來的變化令人歡欣鼓舞，於是我們的六度之行進入一個新階段：歡喜、持續修行的階段。

精進不是因爲必須而勤奮去做事。

我們對自己的創造力、對自己的變化充滿了興趣，因而想知道更多。如果生活過於繁複，妨礙了這種求知，我們便歡歡喜喜地讓生活簡單。如果這種求知需要一輩子，我們便一輩子歡歡喜喜地走在求知之路上，不因爲旅途艱辛漫長、看不到終點也似乎沒有終點而著急、沮喪，這就是精進。

5. 禪定

禪定是指捨棄散亂。

一般未經過禪修訓練的人很難把握自己的心念，總會不由自主地攀緣外境。沒有定力而企圖在喧鬧之中不散亂，幾乎是不可能的。對初學者而言，寂靜處遠離誘惑和嘈雜，是幫助生起禪定的理想環境。前輩的修行者們也一再讚歎寂靜之地的殊勝功德。

如果能安住，能不離清醒的覺知，則一切行動都可以是禪定。

6. 智慧

般若空性超越文字，從感受上來說，比較接近內心的極度開放狀態，清明、遼闊、不固執、不僵化、不拒絕、不期求、不留戀。一切皆有可能。

以開放、清明的心去佈施、持戒、忍辱、精進、禪定，你將體會到無所不在的空性。

我們很眞誠地發了菩提心，願意從此走上大乘菩薩道，但心底還是竊竊希望情況一旦變糟，自己有路可退。這毫不奇怪，總想開溜是我們的一貫反應。如果不是假設有路可退，我們恐怕什麼事都不敢做。然而在我們的世界裡，時間是單向的，人生根本就是一條單行道，任何事情發生了就無法重來，我們也無路可退。菩薩戒幫助我們放下早先的自欺。

如果眞的相信輪迴中所有眾生在本性上皆與諸佛無別，就該知道在與眾生的關係上，我們早已別無選擇。

菩薩戒不是無中生有，事實本來如此，受戒前後發生變化的只是我們的心態。受戒意味著我們不再以爲自己與眾生是割離的，不再相信自己與眾生能割離開。這個認識如此鮮明有力，不斷鼓舞著我們尚很脆弱的菩提心。有人把菩提心比喻成一粒種子，菩薩戒則是土壤、陽光、雨露，呵護種子生根、發芽、成長。

菩提心平凡樸實到常被人忽視，但它是大乘佛法一切修爲的基礎。有人問我：「菩提心的修持需要多久？」我的答案是：「生生世世。」

希阿榮博
二〇〇八年十一月十九日
藏曆九月二十二天降日
完成文字整理

當年釋迦牟尼佛升到三十三天為母親說法三個月後重返人間，後人把佛陀重降人間的那一天定為「天降日」，以紀念佛陀為母親說法的功德。希阿榮博堪布希望所有看到這篇文章的人都生起珍貴的菩提心。

佛教繪本故事

不拘年齡！大人小孩皆可閱讀、都「繪」喜歡的佛教故事！

◎融入佛教中助人、慈悲等利他思想。勉勵讀者不畏失敗、跌倒了再爬起來！
◎亞馬遜近五星好評！精選10則《本生經》與最受歡迎的千手觀音故事！
◎學習千手觀音與佛陀的智慧，啟發善的品格與受用一生的道理！
◎融合大自然與動物的精美插畫，增添繽紛色彩，進入想像世界！

慈悲的英雄 千手觀音的故事

作者／哈里·愛因霍恩（Harry Einhorn）
繪者／柯亞·黎（Khoa Le）
譯者／李瓊絲　定價／380元

如同英雄一般的觀世音，
也曾因挫折而一蹶不振。
當千手觀音遇到困境，
祂該如何重拾勇氣？

佛陀的前世故事 與大自然、動物一起學習仁慈、友愛和寬恕

作者／蘿拉·柏吉斯（Laura Burges）
繪者／索娜莉·卓拉（Sonali Zohra）
譯者／李瓊絲　定價／600元

什麼？森林中的猴子、
鸚鵡和瞪羚……
都曾是佛陀的前世！

堪布和恩師法王如意寶在玉隆拉措聖湖

4
上師和弟子

世俗之事，一般人也能幫你解決；而成辦死生大事，方法只有上師能教給你。「金剛上師」代表的其實是上師與弟子之間的一種關係。

近日，有弟子問我如何與上師相處，如何跟上師學法。這是非常重要的問題。我參考全知法王無垢光尊者的《如意寶藏論》和巴楚仁波切的《普賢上師言教》中關於依止上師的內容，結合自己平日的觀察，試著對上師和弟子的關係作了一個簡單而且不全面的闡述。對於文中疏漏不當之處，我在此向諸佛菩薩至誠懺悔，並期待讀者的斧正和諒解。

我要特別感謝向我提問的弟子，使我有機會反省自己忝爲人師的言行。若這篇文章還有些許可取之處，能對大家的修行有所幫助，就是我莫大的欣慰了。

* * *

從皈依到現在，我們努力聞、思、修，生起和鞏固出離心、菩提心，並且試探著了解空性。一切看起來都很順利，但有一個問題始終擺在我們面前，那就是如何處理與上師的關係。我們似乎不可能在沒有明師指點的情況下，自己摸索出解脫的門道。從無始以來在輪迴中流轉至今依然困惑，就是一個證據，說明我們僅靠自己的盲目追求和探索是走不出輪迴的。佛陀對生命眞諦的了悟像長夜裡的一盞明燈，照亮無數行者的解脫之路。

兩千五百多年前佛陀在印度菩提迦耶成道時，我們不知在哪裡遊蕩，總之是錯過了跟隨佛陀學習、思考、體證的機會。兩千五百年，我們由於傲慢、顚倒、固執、牽掛和恐懼，一再錯過機會，直到今天。儘管我們依然褊狹，依然不知珍惜，卻有人依然持佛陀的智慧明燈在無盡的夜裡等待爲我們照亮前路。如果我們還是錯過，他說他會停留，他會再來，直到我們不再錯過。這就是上師的慈悲。

上師是藏語「喇嘛」的意譯，指佛法上的老師，或稱師父。

從向外馳求轉向回歸自性，在這個轉變發生的那一刻，我們便開始準備與上師相逢了。因爲習慣於按自己的偏好解釋文字背後的涵義，思維也總是跳不出「自我」的窠臼，如果沒有上師的協助，我們自行閱讀、思考或按圖索驥地修煉，很難圓滿證悟本性。

能準確闡述經論意旨、啓發思考並應機給予點撥的上師，是我們學佛路上必不可少的道友。

在此基礎上，上師本人若有證悟成就，則能指導弟子更加迅速、直接而貼切地獲得修證體驗。

釋迦牟尼佛曾說：「過去諸佛沒有一位不是依靠上師而成佛的，賢劫千佛也都依靠上師獲得究竟證悟。」如果我們有佛菩薩的智慧洞見，就會看到今生今世與上師的相逢，是我們在輪迴中最圓滿、最溫馨的經歷。

無垢光尊者在《如意寶藏論》中寫道：具德上師是弟子一切智慧功德的來源。世俗之事，一般人也能幫你解決；而成辦死生大事，方法只有上師能教給你。

要解脫輪迴的束縛，僅有心願還不夠，我們得在上師的引導下學習取捨因果，以上師爲對境迅速有效地積累福慧資糧。救拔眾生出輪迴苦海最有力的是上師的加持，智慧、慈悲、信心等功德增長最快的方法也是依靠上師。

解脫之路上沒有比上師更好的嚮導。

毫無疑問，我們都是真心想學佛、想解脫，否則在這樣一個充滿誘惑和不信任的年代裡，我們不會選擇修行這樣一條難行之道，也不會心甘情願接受上師的指導。問題是我們低估了「我」的狡詐、頑強，以及爲了自保而無所不用其極的能力。

「我」會隨時跳出來，破壞我們跟隨上師學習佛法的因緣。爲什麼他如此不喜歡上師呢？讓我們先來看看按照藏族人的傳統，一個人拜見上師時會做什麼。通常他會獻上供養並頂禮，這不僅是出於禮貌和恭敬，其背後另有深刻的涵義。

供養包括法供養、承事供養和財物供養，其中以修法的功德供養上師最爲殊勝。法王如意寶以前不止一次強調過，與他結緣最主要是透過修持善法結緣，法供養最令他歡喜。

佛法修行的結果就是斷除對「我」的執著。雖然眞正的上師不會貪執錢財，但從弟子的角度來說，很多人在這個世界上最大的執著莫過於錢財，見到上師而能把自己最執著的東西送出去，表示你願意放下對物質的貪執，接受上師的教導。這不僅是削弱我執的有效方法，也是積累資糧的方便之道。無論對上師做何種供養，都能迅速積累起巨大的修行資糧。

關於財物供養，一些人可能會有誤解，認爲誰供養的錢財多，誰的功德就大，經濟條件不太好的人即使勉強拿出一點錢財供養上師，也不會有多少功德。其實，供養上師主要看弟子的發心。如果你是爲了做給別人看，那麼供養上師很多財物也不一定就有大功德。

當然，法王如意寶也曾經說過：「供養財物的多少雖不重要，卻不失爲判斷弟子信心大小的一個依據。」沒有信心，虛榮心再強也不會輕易拿出錢財去供養上師三寶。

如果你對上師有堅定的信心，發願也清淨，供養財物不論多少都同樣有大功德。

在佛陀時代，有一位老乞丐常常看見國王、王子和其他人供養佛陀和他的弟子，因此希望自己也能像他們一樣去供養。但她一天乞討下來僅要到一枚銅板，她拿著這一枚銅板去買油，卻發現那連點一盞燈的油錢都不夠。油商出於憐憫，給了她一些油，她歡喜地來到寺廟點了燈，並且發願說：「除了這盞燈，我沒有什麼好供養的。但透過此供養，希望我將來能獲得智慧，願我能幫助眾生驅散心中的黑暗，引導他們開悟。」

當天晚上，其他燈的油都燒光了，只有這位乞丐供養的燈一直燒到天亮，不但燈油沒減少，而且燈芯仍舊是新的。那天正好輪到佛陀弟子中「神通第一」的目犍連值班照應燈火，他見天色已亮，想把燈熄滅，留到晚上佛陀講經時再點，可任憑他想盡辦法也不能熄滅那盞燈。

佛陀知道後，過來對目犍連說：「這盞燈你是熄滅不了的，即使你把世上所有海洋、河流、湖泊裡的水都澆在這盞燈上，它也不會熄滅，因爲它是由清淨的發心供養而來，是爲一切眾生究竟解脫而點燃的。」

這時，那位乞丐走到佛陀面前，佛陀授記她將來必定證悟無上正等正覺，號燈光佛。可見，以清淨發心在具德上師前哪怕做微不足道的供養，也有無量功德。經論中還說，凡是賞心悅意的事物，如路邊潺潺的溪流、山野的花，都可以觀想供養給上師，功德同樣不可思議。

承事供養是指爲上師做事或侍奉上師。

因上師的所作所爲無不在饒益眾生，無不住於正法中，我們透過自己的身語行爲爲上師創造便利，雖不是直接修法，卻也是間接地利益了眾生、護持了正法。並且這種隨喜的功德將匯入上師的功德海中，由聖者上師宏大的願力而生出的一切善業資糧，我們也將同樣獲得。所以，無論爲上師做什麼，都是在積累修行的資糧。福德、智慧兩種資糧圓滿之前，不可能完全證悟空性。即使已證悟了空性，在獲得圓滿正等覺果位前，仍需精勤積累兩種資糧，使修道日益增上。

每當我有機會爲上師法王如意寶做點事情，都會高興不已。昨天破曉時分，在夢中，日夜思念的上師來到我修行的山洞外，我驚喜交加地奔出去。法王笑嘻嘻在洞口的一塊藏毯上席地坐下，我擔心後面的岩石會碰到法王的頭和背部，連忙跑回洞裡拿了一塊大羊毛毯想爲法王做一個靠墊。因心裡實在太高興又太緊張，我怎麼也沒法把那毯子擺弄成靠墊，一直到醒來，我都處於喜悅的忙亂中。

人們也常把供養分爲身、口、意三門供養，指在行動、言語、思想上修持佛法，以此作爲對上師的法供養，以及在行動、言語上對上師作承事供養，以意念隨喜上師的功德。不論哪種形式的供養都能幫助我們增進信心，減少我執。

五體投地的頂禮，一方面表示你決心放下傲慢和成見，把自己擺在最低的位置，坦然接受一切，不再擔心摔跤和失去，另一方面也能積累巨大的福德資糧。

佛經中說：佛陀三十二種寶相之一的無見頂相，便是因恭敬頂禮具德上師而來。

拜見上師時，供養和頂禮都有明確的象徵意義，表示我們準備好放下我執，這是與上師相處時應有的心態，也是自我不喜歡上師的原因。在上師面前，沒有自我的立足之地。

現實生活中，人們通常又是懷著怎樣的心態面對上師呢？首先，在見到上師之前，已經有了很深的成見。上師應該仙風道骨，儀表堂堂，成熟又單純，威嚴而慈祥；上師應該有求必應，在我們沮喪時給予安慰，困難時給予幫助；上師應該適時顯露神通，以博弟子的歡心，使他們不至於因爲修行枯燥無趣而退了道心……，我們就是帶著這麼多的「應該」去見上師的。

如果實際情況與預想的不同，我們便感到失望，甚至開始懷疑上師是否眞有德行。

一些人見到上師後會猶豫，不知是否需要深化與他的關係。在與某位上師建立正式的師徒關係之前，的確需要仔細觀察。上師是生生世世的皈依處，也是開示取捨道理的導師，如果不加觀察而錯認不合格的人作上師，求法者將在輪迴的痛苦中陷得更深。

藏傳佛教尤其強調觀察上師。金剛上師與弟子的關係一旦建立就不能失毀，否則便觸犯密乘戒、甚至破戒，後果極其慘烈。

如何辨別眞正的上師？《普賢上師言教》中講得很清楚。

在末法時期，雖然如續部經典中所說具足一切功德的上師極爲難得，但作爲合格的上師，至少應該滿足以下條件：首先是具有無僞的菩提心；其次是精通教法，能應弟子的需要完整傳授某一解脫法門；第三是戒律清淨。而判斷一位修行人是否具備金剛上師的資格，其密乘戒清淨與否就要擺在第一位。

「金剛上師」並不像「堪布」、「活佛」、「仁波切」那樣是一種頭銜或稱謂，它代表的其實是上師與弟子之間的一種關係。

當上師爲你灌頂、講解續部教言或傳授密法竅訣時，他與你之間的關係便成爲金剛上師與弟子的關係。如果上師本人密乘戒不清淨，法脈傳承到他那裡就中斷了，他又拿什麼來爲你灌頂、講解和傳授呢？

有些人在日常生活的瑣事上十分用心，吃頓飯、買件衣服都當作是大事，可是在選擇上師的問題上卻非常盲目大意，似乎隨便什麼人都可以是他的上師，只要「自我」告訴他：有了一位「上師」會讓他感覺自己更完整。

一個人會值遇怎樣的上師，這既取決於個人的發心及與上師的因緣，又與同時代眾生的共同業力有關。

當年釋迦牟尼佛直接以佛陀的形象出現在世間引導眾生，而在佛滅度後，眾生由於福報減小，只能看見佛以阿羅漢的形象示現，阿羅漢之後是班智達利益眾生。到現在末法時期，眾生眼裡只能看見普通人，佛便以普通人的形象出現在我們的生活中。

就個人而言，沒有宿世的福報，今生不可能值遇賢善的上師；而內心不清淨，眞佛現前也不會見其功德。

所謂觀察上師也是觀察自心：我們到底是以什麼樣的心去拜師求法的？是爲了解脫還是爲了別的？是希望所有眾生都今生得安樂、來世得解脫，還是只想自己早日脫離輪迴的痛苦？是想了解和證悟宇宙人生的眞諦，還是想獲得某種靈修體驗或者擁有某種新的身份？

若自心清淨，佛陀即使以普通人形象示現，你也能認出他是佛；若自心不清淨，再好的上師你也看不出他的好。佛陀的表兄弟提婆達多和善星比丘，跟隨佛陀幾十年，始終都認爲佛陀不如自己有見地、有修證、有功德。

佛以何種形象示現，這與眾生的共業有關；而在你眼裡上師是佛還是凡夫，則完全取決於你個人的福報和智慧。

《普賢上師言教》中特別指出，對上師進行觀察是指「在未結上求灌頂求傳法的緣分之前善加觀察，之後如果是具足法相的上師則依止，若不具足法相則不依止。已經依止了上師後，上師無論行爲怎樣都應看作是善妙的，全部視爲功德，生起信心並觀清淨心。如果生起惡分別念，則會導致不可思議的過患」。

此外，**師徒之間是否心靈相契也很重要**。

藏語中把拜師學法稱爲「喇嘛啦登巴」。「登巴」指依靠，心裡堅信依靠上師必定解脫。

各人與上師的緣分不盡相同，有人初見上師或僅僅聽到上師的名字就會有強烈感應，像密勒日巴尊者第一次聽人提起大譯師馬爾巴羅扎，就對這位不曾謀面的上師生起了無比的信心。也有人是透過不斷與上師接觸，增進了解而逐漸建立起信任。有的弟子能長期跟隨在上師身邊學法，像米龐仁波切的弟子沃莎隨侍仁波切三十七年，朝夕相處直到上師圓寂。有的弟子在上師面前求法、聽法一段時間後，就不得不離開，阿底峽尊者曾向一百多位上師求法，善財童子也曾走遍名山大川尋訪眾多善知識。

然而，不論身體離上師是遠是近，只要內心保持與上師的默契溝通，理解、領悟、牢記他的教誨，在心靈深處感念他的功德和恩德，就能領受到上師源源不斷的加持。這便是跟隨上師修學佛法，依靠上師趣入解脫。

因觀察而不急於跟上師親近，與因成見而對上師失望，是兩回事。你究竟是不抱成見地觀察，還是感覺上師與你所期望或迷戀的形象不一致？有時候，上師會故意以出人意料或令人失望的形象出現，挑戰你內心的開放能力。

你如果希望上師威嚴，則很可能看到他頑童氣質的一面；你以爲上師和風細雨，他則會表現得嚴厲苛責；你覺得上師應該超凡脫俗、與眾不同，他就會像個普通人一樣打嗝、剔牙、生病、衰老。

一心想求即身成佛要訣的密勒日巴尊者見到上師馬爾巴時，馬爾巴正在地裡幹活，他是個不起眼的農夫。名滿天下的大學者那諾巴求見上師帝洛巴時，帝洛巴正在窩棚裡吃魚，他是當地人所公認的瘋乞丐。跋山涉水、歷經磨難的常啼菩薩最終見到上師法勝菩薩時，法勝菩薩正在宮殿裡享受妙樂。這樣的例子不勝枚舉。

上師們看起來方法都差不多，上來先打破你的成見，讓你悵然若失、不知所措，讓你認識到成見的虛妄可笑，尤其是對你指望能傳授解脫之道的那個人抱有成見。

以前我舅舅羅榮丹巴常對他小時候的一段經歷津津樂道。他的父親、也就是我的外公過世時，家人請來著名的索南嘉措活佛爲亡者超度。誰知活佛過來飽餐一頓後倒頭便睡，舅舅見狀，心裡不免著急。直到第二天中午活佛才醒來，他笑著說：「我還是念念經吧，不然那個孩子要怪我了：『盡吃我家的東西，什麼事也不做。』」舅舅聽了這話，又驚訝又愧疚，對索南嘉措活佛生起了巨大信心。

沒有被上師的顯現嚇跑，你留了下來，這也許是很久以來第一次，你抵制住自我的誘惑，沒有被它牽著鼻子走。這失敗讓驕傲而狡猾的自我無論如何也不甘心，於是立刻使出新招，向你道喜說：「現在你已經成爲這位重要人物的弟子，你的福報非常人可比。你不僅比一般的凡夫俗子更高明，也比其他宗派的佛教徒更尊貴。你是上根利器，萬中選一。」如此吹捧之言，你聽起來卻頗爲受用。讓你感覺自己很重要，是「自我」慣用的伎倆。

在「自我」的慫恿下，你忙著扮演新的角色。在世人面前，你扮演佛教徒；在佛教徒面前，你扮演道行更高的佛教徒；在上師面前，你扮演「孺子可教」的好弟子……，這種扮演可能是有意的，但絕大部分時候卻是無意識的。換言之，你以爲自己是佛教徒，而實際上你只是在扮演佛教徒。

你換一種吃飯、睡覺、說話、生活的方式，定期燒香、禮拜、放生，爲宗教或公益事業出錢出力。這都沒有問題，關鍵是你做這些是爲了向世人證明你是佛教徒，或是爲了讓自己安心，肯定自己的確走在公認的正道上，還是爲了把自己的本來面目探個究竟？

佛陀傳授八萬四千法門，無一不指向解脫，但不論修哪個法門，若只是做表面文章，而不肯硬碰硬在自心上下工夫，解脫都將遙遙無期。

「自我」說：「上師對每個人的解脫都至關重要，一定要給上師留下好印象。」於是你把自己最好的一面展現出來，希望博得上師的青睞。很多人都有這種經歷：自己本來心浮氣躁、傲慢生硬，但一到上師面前，整個人就平靜、柔和、喜樂起來。如果這種轉變是自然流露，當然再好不過。

經論中對弟子在上師身邊的言行軌範有詳細的開示，比如態度要謙遜溫和，姿勢要恭敬調柔，不可輕浮張揚、無所顧忌等。對一般人來說，這種種寂靜的威儀是需要刻意模仿，才能慢慢學會的，所以只要心裡是眞正恭敬，一開始在上師面前有點做作也很正常。

我的一位弟子每次見到我都畢恭畢敬、誠惶誠恐，言行舉止顯得有些誇張，常常讓旁邊的道友發笑。雖然作爲上師的我並沒有什麼功德，而他眞誠的恭敬心有巨大功德，所以我非常讚歎隨喜他。但如果你只是裝模作樣，想表現得比別人更穩重、大方、有見識、有心胸，好讓上師對你另眼相待，則很難與上師相應。

《普賢上師言教》裡工布奔的小故事也許可以給我們一些啟示：

在藏地工布地方有一個單純的人，名叫阿奔。一次，他去拉薩朝拜覺沃佛。到大昭寺的佛殿時，其他人都走了。他又累又餓，看見供桌上的食品和酥油燈，心想：覺沃仁波切是把這些糌粑團蘸上燈裡的酥油吃的，爲了讓酥油不凝固才點火，好吧，我也照著他的樣子吃點兒東西。

於是，他把糌粑食子蘸上酥油津津有味地吃了起來。吃完後，看著覺沃佛像說：「神饈被狗叼走了你也是笑瞇瞇的，酥油燈被風吹動你還是笑瞇瞇的，你眞是一位好上師。我的這雙鞋托你保管，我轉繞你一圈就回來。」說完，把鞋脫下來放在覺沃佛像面前，自己轉繞去了。

香燈師回來，看見佛像前的鞋準備扔出去。這時，覺沃佛像開口說話了：「這是工布奔托我保管的，不要扔掉。」

那個工布奔回來取鞋時，又說：「你眞是一位好上師，明年請到我的家鄉來吧，我會準備好酒菜等你。」覺沃佛像說：「好的。」

工布奔回到家裡對妻子說：「我已經邀請了覺沃仁波切來做客。不知道他什麼時候來，你記著點，常去外面看看。」

第二年某天，他的妻子去河邊提水，在水中清楚地顯出覺沃的影像。妻子立刻跑回家告訴丈夫：「那邊水裡有一個人，是不是你請的客人呀？」他馬上跑去看，果然看見水裡現出覺沃仁波切。他認爲覺沃落水了，奮不顧身跳進河裡救人，還眞的把覺沃拽了上來，於是他高興地拉著客人往家裡去。

在工布奔單純的心裡，覺沃佛像不是「和佛一樣」，而就是佛本人。佛也不是幾千公里以外生活在古代的一個印度人，而是近在眼前、能跟他說得上話的一位上師。上師不是在天上飛來飛去、不食人間煙火的神仙，供佛的食子不是擺擺樣子的，上師出門也會遇風雨，過河不小心也會落水需要人搭救。

阿奔眞心恭敬、喜歡覺沃仁波切，否則像他那樣對禮節、應酬完全沒有概念的人，不會張羅著請上師來家裡做客。而他恭敬、喜歡上師的原因，不是上師有名氣、有神通，而是「神饈被狗叼走了你也是笑瞇瞇的，酥油燈被風吹動你還是笑瞇瞇的，你眞是一位好上師」。

阿奔心裡沒有成見和假設，假設自己是信徒，假設信徒應該如何對上師，假設上師應該如何反應和表現。他不懂這些，只是那麼單純而坦白地來到上師面前，打心眼兒裡親近上師。

每個人的性格不同，與上師的緣分不同，見到上師也會有不同反應：有人放鬆，有人拘謹，有人魯直，有人細膩。

記得法王如意寶在世時，我和我的幾位師兄弟每次見上師前都會緊張得手足無措，總要在上師門外躊躇很久，誰也不敢頭一個進，有時不得不靠抓鬮來決定先後順序。

不管怎樣，只要是單純而坦白就比較容易與上師相應。

以前法王如意寶談起自己早年求學的經歷，常說：「我對根本上師托嘎如意寶無比敬畏，雖然心裡渴望親近上師，但沒有上師的吩咐，萬萬不敢魯莽地跑到上師面前去。」

那時，他經常偷偷地在遠處望一望托嘎如意寶住的小屋，只要能遠遠地看一眼上師進出的身影，他就心滿意足了。如果張望時恰巧被上師瞅見，叫過去摸摸頭，他更歡喜得不知如何是好了。

法王如意寶還常提到他年少時拜見觀音上師的有趣故事。在後人發掘的蓮師伏藏法中，有十三個伏藏法明確授記了班瑪斯德上師乃觀音菩薩的眞實化身，因此人們也稱班瑪斯德上師爲觀音上師。

法王初見觀音上師，少年天眞爛漫的心裡滿以爲自己會見到衣帶飄飄、雍容華貴的觀音菩薩，不曾想眼前出現的卻是一位普通的藏族老人。法王以爲自己看錯了，揉揉眼睛再看，還是一位樸實慈祥的老者。他心想：「一定是我的業障使我看不見觀音菩薩！」於是，他閉上眼睛深深地懺悔、祈禱。在他心中，上師與觀音菩薩無二無別的信念不曾有一剎那動搖過。

正因爲如此，觀音上師對他讚歎有加，在觀音法會上歡喜地對四眾弟子說：「從托嘎如意寶那裡來的大菩薩參加我們的法會，使大家念咒的功德成倍增長，眞是太榮幸了！平時我要求大家念咒要嚴格計數，不能隨意誇大，但今天情況特殊，我們可以放大膽子多一點計數也沒問題。」說完，帶頭拿起念珠把計數結的位置往前又移了幾顆。

法王如意寶常用這個故事來教導弟子說：「我們由於自己的福報、因緣，也許一時不能現量看見上師就是佛菩薩，但只要我們不起無謂的分別念，眞心懺悔自己的業障，上師就會歡喜，上師的慈悲加持就會融入我們心間。」

有句話說：「千江有水千江月。」上師心若是空中圓月，各人心中的江河越平靜清澈，映出的月影就越皎潔圓滿，污物漂浮、波浪洶湧的江面倒映出的月影必是染污零亂的，所以寶月一輪當空，江月各自不同。

然而我們同時也應該認識到，只要江中有水，不論清淨還是污穢，都能映出月影。一江有月，千江有月。不要以爲只有自己才與上師相應，也不必擔心其他人與上師接觸會減損自己與上師的相應。這個問題說起來簡單，實踐中卻常常成爲大家修行的障礙。

有時候，其他人若比你更接近上師，會讓你感覺不舒服。如果有可能，你甚至會阻礙上師與其他信眾交往。你相信這種帶排他性質的貪執就是對上師的信心，而實際上這只會妨礙你與上師、道友之間的交流，你會發現自己越來越無法領會上師的意趣。

清淨的信心是開放平等的，不會排斥其他道友，也不會排斥其他具德上師。當你能做到絕不捨棄已有的上師時，若值遇其他有緣上師，仍然可以前去依止。不是每個人只能有一位上師。上師不是某位弟子的專利，同樣的，弟子也不是某位上師的專利。

有些信心清淨的修行人，由於因緣和修法的需要，會依止隨學眾多善知識，而絲毫不起衝突或退失信心。到底是依止一位上師好還是依止多位上師好，這完全看你的信心是否清淨。如果見到新上師就捨棄原來的上師，則會失去所有上師的加持。

捨棄一位上師等於捨棄一切上師。

以前有三位修行人向欽哲益西多傑尊者求灌頂。尊者說：「如果他們答應捨棄自己的上師，就給他們灌頂。」因爲這次受灌頂的機會極其難得，其中兩人思前想後，最終同意了尊者的要求，而另一個叫沃惹的人卻說：「我的上師沒有絲毫過失，就算嘴裡假裝說捨棄而心裡不捨棄，我也不會做。」於是他被尊者趕出了受灌頂的行列。

就在沃惹心灰意冷返回家鄉的路上，欽哲益西多傑尊者派人把他請了回去。尊者當眾讚歎說：「依止上師就應該像沃惹一樣。」隨後把那兩位捨棄上師的求法者趕出了寺院。後來，沃惹依止欽哲益西多傑上師多年，被上師稱爲「與我無二的尊者」。

弟子的所作所爲皆令上師歡喜，這樣的動機無疑是純正的，不過有時「令上師歡喜」卻會成爲我們固執己見的藉口。

當我們認定自己所做之事正確無誤時，會比平常更固執。而對虔誠的我們來說，沒有什麼比讓上師歡喜更正確的事了，所以我們一旦認準自己的方式合乎上師心意，就很難再接受其他人的不同意見和做法。然而道友之間，尤其是金剛道友間的和睦相處極爲重要，金剛道友是解脫路上直至成佛不離不棄的同行者。

金剛道友鬧矛盾會擾亂上師的心，對上師的住世和弘法利生事業製造違緣。出發點是「令上師歡喜」，最後卻犯下如此嚴重的過失，這樣的結果實在令人惋惜！究其原因，還是「我執」在作怪，什麼都有可能被「我執」利用，即使最良善的動機也會成爲修行的障礙。

《時輪金剛》中明確指出，十四條密乘根本戒中關係到上師的有三條：不擾亂上師心，不違背上師教言，以及金剛道友間不相互瞋恨。這第三條戒律常被人忽視。

人們只知道上師是嚴厲的對境，卻不知道金剛道友之間關係緊張、破裂會直接關乎上師，因此也是嚴厲的對境。

我們若有機會與其他道友共事，一起為上師、為佛法做點事情，應該珍惜這份福報和緣分，隨喜道友的發心和行為，即使有意見或分歧也可以溝通解決。

很多時候為了護持他人的善心、善念，成全他人的善行，不僅我們自己的意見、方式可以放棄，甚至我們所做的「善事」或「正確的這件事」本身也可以放棄。我們不必堅持事情一定要做到完美。如果參與者都能夠透過共事減輕煩惱、增加法喜和道心，就是完滿了。

法王如意寶曾告誡弟子：「不要惹眾生心生煩惱。」無垢光尊者曾建議修行人：「一切按上師說的做，這就是最大的供養。」又固執又不善於取捨因果的我們，也許應該時刻牢記聖者的教言。佛經中，道友們的聚會告一段落，不是也常常以「皆大歡喜，信受奉行」來描述當時的情景麼？

根據大圓滿寧體金剛藏乘的觀點，只要師從一位傳承清淨無染、具有殊勝證悟的上師，視上師為佛，以堅定的信心至誠祈禱，自己的凡夫心就能與上師的智慧徹底相應，無二無別，靠上師的加持就能使自相續生起證悟。

法王如意寶十五歲時，懷著對無上大圓滿的強烈信心，至誠祈禱米龐仁波切。每念完一百遍米龐仁波切祈禱文，便仔細研讀一遍仁波切所著的大圓滿竅訣精髓《直指心性》。如是反覆，在圓滿念誦一百萬遍祈禱文、閱讀思維一萬遍《直指心性》後，心相續中生起前所未有的大圓滿境界。

然而，如果你認爲這輩子只要跟著上師就不發愁了，把一切都心安理得交由上師決定，這樣做可能並不完全正確，你也許只是不想對自己負責罷了。

我們這些人，無始以來上天入地，什麼都見過了，生生世世的煩惱傷心，一轉臉又忘了，再來，還是渾渾噩噩糾纏不清。釋迦牟尼佛說過：「吾爲汝說解脫道，當知解脫依自己。」自己不下工夫，總想著上師會像扔石頭一樣把你扔到極樂世界去，上師能力再大、悲心再懇切，也無法滿足你這個願望。

當初密勒日巴尊者在絨頓拉嘉上師處求到大圓滿的灌頂和修行要訣。上師說：「我此殊勝大圓滿法，晝修晝成佛，夜修夜成佛，具有宿緣者不需修持，僅以聽聞就能解脫，乃極利根、具法緣者所修之法。」

密勒日巴尊者心想：「我以前學咒術時，僅僅十四天就出現明顯驗相，學降冰雹術也只用七天就成功了。現在此法比咒術、降冰雹術更容易：晝修晝成佛，夜修夜成佛，具緣者不需修持。我既然已遇到此法，也算具緣之人。」所以他什麼也不修，整天睡大覺。過了幾天，上師說：「看來我無法調伏你，你還是去找聖者大譯師馬爾巴羅扎吧。」

現在交通、通訊發達，想向哪位上師求法，坐上飛機、汽車，一會兒就到了上師面前，或者在家裡，足不出戶透過網路、音頻、視頻聽上師講法，各種各樣的書籍都比較方便看到，這些都是學法的便利條件。相比之下，以前的修行人爲見上師、求止法而歷經的磨難要大得多。

法王如意寶少年時期從家鄉色達步行五百多公里，到石渠江瑪佛學院拜見托嘎如意寶，沿途靠乞食維生，翻山越嶺，不知克服了多少困難。之後在上師座下全面聽受顯密教法，小小年紀也能和大人一樣忍受千辛萬苦而絲毫不動搖精進學法的決心。

那時，法王如意寶父母雙亡，沒有人供養他在外求學所需的衣食，他只好常年靠江瑪佛學院定期分配給僧眾的少量優酪乳維生。他住的草坯房狹小簡陋，四壁透風。每當秋冬來臨，他沒有足夠禦寒的衣服，便在屋裡挖一個大坑，坑裡填滿乾草，每天大半截身子坐進坑裡看書，以此取暖。晚上點酥油燈徹夜用功，累了就靠在坑壁上休息一會兒。

法王常常用全知無垢光尊者依止持明上師革瑪燃匝的故事來鼓勵自己：無垢光尊者在最貧困的時候，曾經靠區區三藏升糌粑粉維持了兩個月的生活。每當下雪，就鑽進一個牛毛口袋裡取暖，這個口袋既作蓋被又當褥墊。

儘管條件如此艱難，尊者仍然堅持不懈地在革瑪燃匝上師面前恭聽了諸多法要，被人們稱爲「更欽耶尼雅巴」——住在牛毛口袋裡的全知者。後來，尊者成爲革瑪燃匝上師法統的傳人，凡見到、聽聞、憶念或接觸到尊者的眾生都將獲得菩提果位。

上師的加持無所不在，生活中的一切際遇都是諸佛菩薩的加持。這意味著我們決心直面生活的實況，選擇把順境、逆境都看做修行的途徑。

但是對有些人來說，「上師的加持」也許恰恰意味著可以不直面生活的實況。你希望有一種方法、有一個人，能帶你超越這瑣碎而低俗的人生，進入一個全然不同的美妙境界。世俗的事務不再讓你感興趣，這究竟是好是壞呢？

如果你仍然想要成爲、想要得到並且保有，不論目標是世俗的功名利祿、情感欲望，還是非世俗的名聞利養、神通境界，背後的行爲模式都是一樣的，你不過試圖用另一套東西來強化我執。

如果你失業了，你不會認爲這是因爲自己能力不夠、運氣不佳或者人際關係沒處理好，而寧願相信這是一項考驗，是上師或者諸佛菩薩想看看你是否堪受人生的大禮。你覺得在你生活中所發生的一切，樁樁件件都是另有深意的。你不會眞正摔跤，就算摔倒，也應該摔在蓮花或至少是棉花上。然而，如果我們眞正相信上師的加持無所不在，就不會在意自己會摔得多慘，哪怕山窮水盡，比周圍的人都更潦倒，也是可以接受的。事實上，這份坦然和決心，已足夠令我們的生活開闊而富足。

我們聽從上師的教導，開始聞思佛法。佛教經典的文學之美、邏輯之美、思維之美，各種理論、概念、公案讓你振奮讚歎，但這一切如果沒有融入你的心相續轉化成你個人的領悟，對你來說就只是一堆知識。

法王如意寶以前常說：「聞法是爲解脫，不爲積累、賣弄學問。」儘管你可以在自己收集的知識中找到肯定和安慰，也可以向世人炫耀，但這並不保證能減少你的困惑。若沒有對上師的堅定信心並隨時祈禱上師加持，我們在聞思修過程中的努力很容易就受到習氣的影響，而成爲一種囤積行爲——囤積學問、囤積經驗。

從前，那諾巴尊者曾是印度最負盛名的班智達，精通三藏，辯才無礙，但智慧空行母卻提醒他：「你只是精通詞句而並未徹底證悟。」尊者知道空行母所言正中他的要害，於是毅然放棄一切功名成就，從零開始跟隨帝洛巴尊者學法，受盡磨難而始終心無旁騖地追隨上師左右，最終在上師的加持下證悟諸法實相。

大圓滿傳承祖師嘉納蘇札尊者和貝瑪拉密札（無垢友）尊者也有過類似經歷。兩位祖師都曾五百世轉生爲大班智達，卻始終未能證得無上正等覺。後來金剛薩埵在空中示現，給予指點，他們先後遠赴東土拜熙日森哈尊者爲師，依靠上師傳授的大圓滿竅訣終於證得佛果。

佛法強調聞思修並舉。聞思的同時，我們要修法，要用親身體驗去印證佛法的教義。對剛入門的人來說，實修往往充滿神祕感和吸引力，但當你滿懷躍躍欲試的熱情，請求上師授予傳說中奇妙無比的高深法門時，他要麼微笑不語，要麼建議你去禮拜、持咒，或做其他諸如此類再平凡枯燥不過的事。你簡直不明白他爲什麼要這樣打擊你的積極性。難道不需要做點什麼與眾不同的事就能成佛嗎？難道禮拜、持咒與開悟有必然聯繫嗎？你開始懷疑上師是否眞的願意教給你任何有價值的東西。

「自我」就是這樣，只要不如所願，很容易就陷入猜忌當中。你想有所作爲，想超凡脫俗，這都是「自我」成就慾的表現。

因爲看到世俗生活的如夢如幻，我們才投入宗教修持中。而如果這種修持總也無法滿足成功慾，我們便想：精神修持大概並不比世俗生活更眞實可靠，如果花同樣多的時間和精力在世俗營生上，不至於會像現在這樣一無所獲。

我們就是這樣在世俗與宗教、物質追求與精神修持之間跳來跳去、搖擺不定，而實際上我們的態度和方式從來沒有改變過。

在修行路上堅持不懈，做到這一點比我們預想的要艱難得多。我們只有在自我感覺越來越好時，才相信自己走對了路。如果情況沒有變好，我們就會猶豫不前或乾脆放棄。

不幸的是，在修行開始很長一段時間裡，大部分人都會感覺很糟糕。以前因爲散亂，我們根本察覺不到自己有多麼浮躁、僵硬，而透過心的訓練，我們也許是此生以來第一次看到了自己的混亂。這讓很多人感到難堪、甚至無法接受，但這是修行的必經之路，如果不能面對自己的混亂，定力將無從談起。

經論中說：修行之初，我們的心像高山上飛流而下的瀑布，喧鬧雜亂；一段時間後，心變得像平原上流淌的河，不再水花四濺、勢不可擋；再後來，心像大海，遠看平靜如鏡，走到跟前還是會發現海面起伏的浪花；最後，心像高山，堅毅沉靜、巋然不動。

「不要用神祕的眼光看待修行，不要企圖非凡」，這是上師要傳達給我們的第一個資訊。可是我們往往要在吃盡苦頭之後，才會明白這個道理，所謂「平常心是道」。

上師建議我們持咒、禮拜、修加行，原因之一就是讓我們逐漸放下各種不切實際的想法，消退好高騖遠的衝動，在平實中體會修行的滋味。

你看《金剛經》裡第一段寫道：佛陀與弟子在舍衛城外的樹林裡靜坐，到了吃飯的時間，便穿好衣服、拿著碗去城裡挨家挨戶乞食，回來吃完飯，疊好外衣，收起碗，把腳洗乾淨，拍拍坐墊，繼續靜坐。圓滿無上正等覺、堪受人天供養的佛陀，過的就是這樣平實的生活。

等幾百萬遍心咒念完、十萬個大禮拜做完，儘管你可能還是觀想不清佛菩薩的形象和壇城的細節，但是你的心安靜多了，不再成天玩弄「即身成佛」、「大圓滿」、「大手印」之類的概念，也不再野心勃勃，一副志在必得的樣子。**修行對你來說，是次第而行，是平凡而具體、每**

天都在做的一件事，像吃飯、睡覺那樣。

釋迦牟尼佛說：「眾生皆具佛性，不生不滅，不增不減。」佛性、本來面目、心性等都指向同一個東西。它如如不動，一直都在，不是要等到未來某個時間點才會出現，也不是從上師那裡移植過來。上師能做的只是幫助你把背包裡不必要的破爛雜物都扔掉（看看你這一路走來竟帶了多少不必要的行李），直到裹在其中的如意寶珠露出來。

起初，密勒日巴尊者到馬爾巴上師那裡一心想求即身成佛的法門。他認爲必有一種方法是「晝修晝成佛，夜修夜成佛」，能夠像點金劑點石成金一樣，把他從凡夫頃刻間變成佛。他以爲上師必定會一口答應他的請求，但是他錯了，無論他做什麼都得不到上師的肯定。除了打罵，上師連半句口訣也不傳給他。

就在他第一次因爲傷心失望而痛哭時，上師跟他說：「對法不能太誇張，不過據說你是一個精進的人，若能勤修我的竅訣，或許此生也能成佛。」並且安慰他：「如果你能按上師的要求修建房子，就傳你竅訣。」

當別人都去接受上師灌頂、傳法時，他卻要忙著背土石建房子。每次房屋即將竣工，上師都會將他痛打一頓，並且命令他重建。他的背爛了，「法」的影子卻依然看都看不到，就這樣日復一日，苦難、委屈、瑣碎的勞作磨掉了他的傲慢和浮躁，也平息了他急於求成的衝動。他不再以爲往昔的業障是隨便說說就能清淨的，也不再奢望即身成佛，他甚至放棄了繼續求法的打算，準備一死了之。而就在這時，他和上師之間的障礙清除了，上師終於同意向他傳法。

上師說：「爲了淨除你的罪業，我叫你來建築息、增、懷、誅的房屋。我把你從灌頂的會座中趕出去，又做了很多不合情理的事情，可是你不起絲毫邪見，這表示將來你的弟子和法統學道時能具足信心、精進、智慧、慈悲等一切弟子應具的條件。修道之時，皆能於此生無大貪著，有忍苦精進修行的毅力，最後生起覺受證解，具足慈悲和加持，成爲圓滿具相的上師。」

佛陀的教言可以透過文字流傳下來，而佛法的眞諦只存在於上師心裡。它的傳承只有一條途徑，那就是以心傳心。

當你放下成見，僞裝和打算，不再牽掛、焦慮和希求，你的心才眞正敞開。只有到這時，你才有可能去接收上師一直在試圖傳遞給你的資訊。

敞開是一個漫長而艱難的過程，意味著淡化你我之間的界分，而我們的生活卻是建立在分別心上的，整個人生似乎都耗費在分別這個、那個，好、壞，接受、拒絕上了。

我們把事物與概念聯繫，把概念與情緒、態度聯繫。如果你的分別能力稍弱，別人就會把你看成智力低下。正是因爲整個社會都極力推崇分別心，人與人之間才會這樣疏離，世界才會這樣四分五裂。

分別心使我們用孤立、分離的眼光看待事物，萬事萬物之間的連結便在我們眼中消失了，所以我們很難以包容的心面對世界，而且相信自私就是利己。

有人不知道怎樣印證自己的修行是否有偏差，方法其實很簡單：看看你的「自我」是否依然強大，你與他人、與世界之間的界分感是否依舊強烈。

上師幫助我們弱化分別心，訓練心的開放能力，有時候他會採用激烈的手法，像帝洛巴對待那諾巴那樣。看起來帝洛巴上師一直在想方設法虐待他的弟子，而那諾巴都毫無怨言地全部接受。暫且不談這兩位大德各自的成就，單是他們之間的默契交流已經令人歎爲觀止。

帝洛巴以常人無法接受的方式，一次次想探底那諾巴心理承受力的極限，而那諾巴，這位出色的弟子，一次次向上師證明他的心足夠開放。他不愧爲帝洛巴法脈的繼承者，在他的心與上師心之間，溝通至爲徹底。

我們認爲自己相當開放，沒有多少分別心，可是當上師吩咐我們去做什麼，第一個反應仍然是要判斷，有時還會因爲不認同而猶豫或拒絕。不是說我們不信任上師，而是無始以來形成的習氣，遇事一定要作評判，稍有不順就要反彈，問題就在這裡。

上師是我們決心恭敬、友善相對的人，對他尚且如此，對其他人、其他事會有什麼反應可想而知。因此，上師讓我們以他爲對境，學習以開放、柔韌的心待人處事。「不違背上師教言」，不是要樹立上師的權威，而是爲了培養我們平靜接受一切際遇的能力。

前輩大德曾建議想跟隨上師學法的弟子，要像渡船那樣被人呼來喚去而毫不厭倦，或像鐵匠舖裡的鐵砧被冷的熱的輪流打擊而眞心不改。

世間萬物相互聯繫，我們如果能對一個人完全敞開心扉，就能對整個生活開放；如果在任何情況下都能與一個人溝通，就能和整個世界溝通。我們將習慣於欣賞和尊敬周圍的每一個人，就像多年以來欣賞和尊敬我們的上師，那份開闊而謙卑的心，直接來自上師。

我們這時才知道寂天菩薩所說的是完全可以做到的，當你看任何一位眾生都懷著眞誠和慈愛去看，並且觀想：依靠仁慈的眾生，我將大徹大悟。

從扭捏作態、浮想聯翩，到落到實處修行，上師不露痕跡地幫助我們調整心態。隨著修行的不斷長進，我們與上師的情義更加深厚溫馨。上師是佛，但他並不是那廟堂之上金色臉龐的偶像。**面對上師，我們既有對佛陀的恭敬，也有對另一個生命的發乎眞情的關愛。**佛菩薩遊舞人間，示現如凡夫般的生老病死、喜怒哀樂，這一切都大有深意。

記得法王如意寶圓寂後不久，我到成都，幾位居士來見我，問：「法王往生西方極樂世界，我們是該高興還是該傷心？」法王如意寶已得佛果，娑婆世界對他來說與極樂世界沒有差別，但對我們凡夫來說，娑婆世界、極樂世界卻有天壤之別。法王如意寶爲了引導我們，一生宣導發願往生極樂世界，而且自己也示現往生西方淨土。在法王如意寶的境界中，沒有痛苦煩憂，但是在我們的境界中，法王的病痛、離去都是眞的。我們不忍看見上師承受病痛的折磨，不捨得上師就這樣離去。從此失去依怙，眾生失去依怙，我們怎能不悲傷！

從前米龐仁波切身體不好，他的侍者沃莎爲上師的健康著想，時常把前來拜見的信眾擋在門外。有時仁波切趁沃莎不在偷偷會見客人，一邊往外看一邊說：「我們得快一點，千萬別讓沃莎看見，不然他要對我們不高興了。」

顯現上沃莎對上師很嚴厲，作爲弟子和侍者似乎不應該這樣做，但他對上師的關愛是那樣眞切強烈，以至於顧不上多多地注意自己的言行表現。這一點，上師當然明白。

米龐仁波切在圓寂前，來到沃莎的小屋裡特意向這位忠心耿耿跟隨他幾十年的弟子道別，問他是否還有修行上的疑問，並且說：

「我乃文殊菩薩的化身，以願力來此世間，非像一般凡夫因業力而來。末法時期眾生狡詐多疑，故我以前從未透露過自己的來歷。現在我就要離開這個世界，怕你傷心才以實相告。眼前的分離是暫時的，以後你也會去香巴拉刹土與我相聚，我們永不分離。今生師徒一場，凡我有的功德，你都有。你在我身邊所做的一切，哪怕是走路，都是未來成佛的因。」

因爲往昔積累福報，我們才得以在今生見到自己的上師，然而，這樣的相逢很短暫。世人常說：「子欲養而親不待。」上師雖然不像世間的父母那樣需要我們養老送終，但上師在世時，我們應當精進依師教言修持佛法，盡己所能讓上師歡喜。對上師，願我們不要留下太多遺憾。

前幾天晚上，我夢見自己又回到二十五年前初到喇榮五明佛學院時，法王如意寶特意爲我安排了一間小木屋。我在屋前遇見當時的鄰居，他也是年輕時的樣子，我們邊走邊聊，突然在地上撿到一個曼扎上的頂飾。

這時，我一下子從那個場景中抽離出來，還是在夢裡，但已然是局外人，像看戲一樣看著當初，無限感傷：在這個頂飾還新的時候，法王如意寶健在，大家都很年輕，今天很遙遠。可轉眼間法王如意寶已經走了嗎？怎麼這樣快？一陣鑽心的痛把我從夢境拉回現實的黑夜中，淚水橫流。

我願意付出一切去換回與法王如意寶再次相聚的片刻，雖然我肯定還會像以前一樣，見到上師就緊張得恍恍惚惚，不知所措，但是我心裡有多幸福只有我自己知道！

與上師相聚，時間並不多；此生爲人，時間並不多。

上師在世間停留不是因爲留戀，他是不忍離去，想著要幫助我們了悟：我們的心和他的心一樣其實已經在光明中。

當我們逐漸敞開心扉，學會恭敬而親密地對待周圍的一切，與己、與人、與世界不再頻發衝突，我們會明白這份單純和坦白都是上師手把手教會我們的。

生活中遇到的所有人、事、物，哪怕是剛才拂面而過的清風，或是路邊的一草一木，都帶著上師的氣息。

在我們感知它們的開放、溫柔的心中，有著上師引導我們一路走來的印跡。這時，我們才眞正體會到上師的加持的確無所不在。

願我們時刻銘記上師三寶的功德，憶念上師三寶的恩德！

希阿榮博

藏曆土鼠年十月二十一日地藏王菩薩節日

二〇〇八年十二月十八日

弟子筆錄

本文撰寫過程中，希阿榮博堪布多次在夢中見到大恩根本上師法王如意寶，而就在文章完成的當天清晨，堪布再次夢見法王如意寶坐在經堂高高的法座上主持誦經法會，堪布於大眾中吹響傳法的號角。堪布說：「吹號是有專門技巧的，需要熟練控制氣息，吹出的聲音才會飽滿連貫，而我向來不善此道。」這次在夢中，不知為何由他來吹號。他很擔心自己吹不好，小心翼翼、屏氣凝神，用力一吹，沒想到清暢的梵唄聲驟然響起，悠遠綿長。那熟悉的法號聲，穿越雲層、大地，穿越夢境，直傳到耳畔枕邊……

為堪布做筆錄的弟子也於當日清晨夢見天空放大光明，空中佈滿形狀不一、大小各異的彩虹。

堪布希望這些吉祥的夢境成為好的緣起。願這篇文章對大家的修行有所幫助！願大家對上師三寶生起堅定不移的信心！

聖地扎西持林的瑪尼堆

第四部

冬日札記

二〇〇九年初，希阿榮博堪布在家鄉的扎西持林閉關中心寫下多篇隨感，或睹物思人，或暢談佛法人生，素樸平實的語言背後是堪布一貫的清亮、通達。

1
信　心

慈悲的上師啊！你永遠那樣熱切地護持著弟子的每一個善念善行。

藏曆土鼠年末，我回到家鄉。扎西持林的冬天是這樣安靜。時間成片，晝夜無聲交替，歲月的流逝喜樂清明。

扎西持林所在的馬頭金剛神山腳下曾是嘎瑪活佛的住處。當年應活佛祈請，法王如意寶在那裡爲玉隆闊信眾宣講了取捨善惡等深淺教言。如今嘎瑪活佛居住的院落改建成一所養老院，爲附近的老人提供一個安心修行、衣食無憂的去處。

法王如意寶在此歇息時用過的床榻，完好地保存在養老院經堂裡。每次到養老院講課，那張床榻都會勾起我許多的回憶。法王如意寶在五明佛學院的住處也有這麼一張床榻，以前法王的屋子很小，一張床就幾乎占去一半空間。他老人家總是坐在床上與我們聊天，是那樣親近和溫暖！

附近的藏民趕過來，很多人到了山下卻又猶豫了，怕冒昧上山打擾了主人，於是紛紛聚在山腳下養老院周圍。我幾乎每天下午都會過去養老院跟他們聊天，給他們傳講佛法。我實在很高興見到他們，其中不少人是我兒時的玩伴，與他們一起常讓我想起童年的往事和那時單純的快樂。

來聽法的藏民越聚越多，從幾十人增加到後來的兩千多人。他們虔誠而熱情，往往在下課或法會結束後仍不肯散去，總要在路邊站很久，等到我出來轉山時獻上他們燦爛的笑容和羞澀的問候，才心滿意足的離開。

回家路上，也許想起剛才聽聞的佛法，讓他們受用快樂，他們便忘情地放開喉嚨唱起來，或是佛菩薩的名號、心咒，或是即興編出的歌謠。宛轉嘹亮的歌聲回蕩在玉隆山谷，使這冬日的傍晚愈發寧靜。

在這樣一個黃昏，我講完課後沿山間小徑轉繞，無意中抬頭看見西天上一朵圓形的雲彩飄過來，我想那一定是我的上師法王如意寶的示現。上師從西方極樂世界來看我了！他老人家從來就沒有離開過我啊！每次回到家鄉，看到法王當年在這裡弘法留下的遺跡，我都會更加強烈地思念起我的上師法王如意寶。

一九九四年（藏曆木狗年）春，法王如意寶第二次到多康地區弘法，我一直陪伴在他身邊。雖然事先就知道傳法途中會經過我的家鄉，我也竊竊盼望：說不定法王如意寶到時候能去我家裡坐一坐。但說眞的，這對我來說實在是太大的一個奢望，光是想想就讓我的心激動得怦怦直跳。

後來當法王如意寶眞的走進我家簡陋的牛毛帳篷，爲前來拜見的人們賜福、傳法時，我幸福得直想哭，害怕眼前這一切都是在做夢。

世事如夢！彷佛只在轉眼之間，身在其中的一切都變了。法王如意寶示現圓寂已經五年。

牛毛帳篷變成了一座白塔，在晴朗的日子、在風雪交加的日子、在無常而悠長的歲月裡，提醒著人們曾有一位聖者在這裡停留、歇息、宣講佛法。這座白塔最終也會在時間的刀劍下化爲粉末，隨風飄散，到那時，我對法王如意寶的思念和感激，人們對法王如意寶的思念和感激，還會繼續。

法王如意寶生活樸素，對衣食住行沒有什麼要求。他不愛穿鞋穿襪，一年四季常常赤腳走路。記得我們在經堂等待法王上課，只要聽到那厚實的大腳在地板上一路走來的熟悉聲音，我們就知道上師到了。至今想起當時的情景，我彷彿仍能聽見法王急切又穩重的腳步聲。

弟子供養的衣服，法王往往穿一兩次便轉送他人。信眾供養的錢，他也都拿出來分給學院的出家人。聽說當年在江瑪佛學院學習時，幾乎一無所有的他曾幾次把自己微薄的財物全部供養給上師托嘎如意寶，連一件衣服也不留，供養完上師只好向道友借衣服穿，等有了錢再慢慢還。

後來在喇榮五明佛學院，法王又數次攜妹妹阿里美珠空行母和外甥女門措空行母，把除了佛像、經書和一身衣服以外的所有財物變賣，所得錢財由學院僧尼平分。

除了開法會需要，法王平時也不喜歡戴帽子。他曾說出家人沒事戴頂帽子顯得對上師和僧團不夠恭敬，如果一定要戴，就只戴蓮師用過的一種圓形小帽。

記得那時法王在課堂上講過此事後，學院出家人果然不再戴帽子，只有阿莫繞多一個人標新立異，找人訂做了一頂和蓮師一樣的小圓帽，戴在頭上到處走，大家怎麼取笑他也不在意。現在回想起來，他可眞是個率性的人！他後來坐脫立亡、瀟灑往生，應驗了大圓滿寧體金剛藏乘的一個觀點：只要師從一位傳承清淨無染、具有殊勝證悟的上師，修行人僅靠對上師堅定的信心就能解脫。

法王如意寶正是這樣一位可以把今生來世的安樂都託付給他的上師。

一九九四年，扎西持林還只是馬頭金剛神山半山處的一塊空地。法王如意寶聽說我們準備在那裡修建一個道場，特地上到山腰爲後來的扎西持林進行加持。

慈悲的上師啊，永遠是那樣熱切地護持著弟子的每一個善念善行！

法王如意寶曾在課堂上要求我們把自己發下的誓願寫在紙條上交給他。有人發願終生閉關修行，有人發願著書立說弘揚佛法。記得我當時寫的是：盡己所能弘法利生。

法王看過我們的紙條後很滿意，笑著說：「你們要說到做到。以後就算我走了，我也會時常回過頭來看你們是否在履行自己的諾言。」從那以後，我們的生活都有了各自更明確的目標，信心滿滿的，因爲知道法王在關注我們付出的每一分努力，取得的每一點成績。他時刻都在護持我們！

法王如意寶是眞正的佛。對普通人來說，佛的境界不可思議。我們所感受到的法王的慈悲和智慧，只是佛陀無盡功德藏的滄海一粟罷了。

很多人去學院參加過法王的荼毗大典，現量見到熔鐵成漿的烈火卻燒不壞法王的肉團心，火焰過後出現的是金剛舍利。

一般修行人如果戒律清淨，精進修行，成就了羅漢果位或菩薩果位，荼毗時可能會出現舍利，但絕不是金剛舍利。金剛舍利在佛教中只有當修行人證得佛果時才會出現。所以，法王如意寶與諸佛無二無別，這不是誇大其辭，也不是方便假設。如果在修行中眞誠地向法王祈禱，不要懷疑，我們一定會得到佛的加持。

有的居士雖然沒有見過法王本人，但對法王的信心很大，非常想以法王爲上師。後來他們向人請教能不能將法王觀想爲自己的上師，那人卻說：「你們沒有得到過法王的傳法、灌頂，沒有在法王座下聽聞過佛法，所以法王不是你們的上師。你們現在可以在我這裡求灌頂，這樣我們可以確定上師與弟子的關係。」聽說這件事後，我非常難過。

沒有見過面就不能作爲上師，這顯然是說不通的。在佛教歷史上，修行者依靠早已離世的前輩大德的精神指引和加持而證悟本性的例子很多。像大圓滿祖師吉美林巴尊者與全知法王無垢光尊者生活的年代相差幾百年，然而憑藉對無垢光尊者的不共信心，吉美林巴尊者修法時一直向無垢光尊者祈禱，最終在上師的加持下，成就了與上師無別的佛果，被寧瑪巴弟子尊為繼無垢光尊者之後的又一位大圓滿祖師。

另外一個例子是法王如意寶與全知米龐仁波切。法王出生前，米龐仁波切就已經示現圓寂了，但法王對這位前輩有著堅定的信心，十幾歲時在圓滿念誦米龐仁波切所著《直指心性》一萬遍和米龐仁波切祈禱文一百萬遍後，證悟了無上大圓滿。

所以，上師與弟子之間關鍵的是心靈相契。無僞的信心可以穿越時間和空間，而成就者的加持原本就無所不在。

現在的佛教徒大概沒有誰見過釋迦牟尼佛本人。如果沒有見過就不是上師，那麼釋迦牟尼佛就不是我們的上師，我們也不能自稱釋家弟子了，這不是很矛盾嗎？

任何人只要對法王如意寶有眞實的信心，都可以把法王如意寶觀想爲自己的上師。

2
無盡藏

法王如意寶用他的言傳身教告訴我們：只要不捨內心的善良，我們每個人的一生都可以是個無盡藏。

法王如意寶的一生是個無盡藏，凡與他結緣的人都得了他的好處。

上師的學養和證悟境界，我不敢也無力蠡測，然而追隨上師二十年，對他老人家爲人處世的方正圓融，我還是頗爲了解的。毫不誇張地說，在法王如意寶身上，光是做人一項，就夠我學一輩子。

初到五明佛學院，我是抱著參見法王的目的來的，沒想到能留下在學院常住，因爲我當時總共只有四十五塊錢。法王一眼看到我心裡去，知道我的願望和難處，話沒多說就主動留我在學院住下，而且馬上讓人拿來被褥、食物和必要的生活用具，由他的妹妹阿里美珠空行母和外甥女門措空行母親自送到他爲我準備的小屋裡。

那時法王自己的生活條件並不寬裕，但只要別人有困難，他往往不等人開口就把忙幫到，彷彿一切都是理所當然。像我這樣的窮學生，跟在法王身邊得到的不僅是佛法的利益，還有他的情意和物資及金錢上的幫助。

他成天忙於傳法、講學，而周圍的人、身邊那麼多弟子，每個人生活上的小事他卻都看在眼裡、記在心裡，然後，似乎完全不經意地幫你把問題解決掉。

一件事如果應該去做，法王如意寶便顧自做去，人前人後從來沒有說過任何一個人不好。

一九八五年，法王宣導當地寺廟進行整頓，糾正違戒行爲，清淨僧團風氣。這次行動得到眾多寺廟的回應與擁護，但也不可避免地觸犯到一些人的利益，引起他們的不滿和攻擊，隨之而來的紛爭困擾前後持續了十年。

這期間法王沒有抱怨、批評過任何人，也沒有與任何人爭論、辯解，只是堅定地做理所當為之事。只有一次，他淡淡地說：「如果以僧團現在的狀況，我們放任自流的話，藏地佛教將前途暗淡，岌岌可危。為了讓佛法繼續弘揚，我就是獻出自己的生命也不會退卻，何況只是面對一些無謂的誹謗。」

在我的印象中，法王待人極其柔和，無論對誰都彬彬有禮。他喜歡開玩笑，但即便他揶揄打趣你時，你依然能感覺到他對你的尊重。那不只是禮節上的周到，而是發自內心不傷人、不傷物的一種悲憫情懷。

在法王面前，無論怎樣卑微的人也會覺得自己的可貴，無論怎樣失意的人也會覺得腳下原沒有絕路。我想所謂人間莊嚴，便是這樣吧。

法王凡事心裡明白，知道他人的過錯，但凡不嚴重、能帶過的，都不會說破。人人都有羞恥心。他是什麼都能包容的。有時對弟子旁敲側擊一下，過後他都似乎會於心不忍，恐怕話說重了傷到人心，總要格外慈愛地安撫一番。

雖然法王無比寬厚，但學院規模大、人員多，管理不嚴格無以維護僧團正常的聞思修行活動。偶爾有人違反戒律，受處罰、甚至不得不離開學院時，都是由管家負責處理。弟子因爲破戒而離開學院是法王最不願意看到的事，每當有這種情況發生，他的眼淚就乾不了。管家向他彙報處理結果，只要說得稍微具體一點，他就連忙制止道：「不要告訴我，不要告訴我！」他實在是不忍心知道更多。

法王如意寶上課時，學生們是不分座次的，先到的坐前面，地位再高的活佛，來晚了照樣只能往後坐。這種自由平等的作風常讓來學院訪問、旁聽的人感到詫異，而法王做人一貫如此，無論貴賤賢愚都一視同仁。若一定要說有差別，倒是他對貧弱者會更優待祖護些。

法王九歲喪父，從小飽受欺凌、饑寒之苦，所以他非常了解無所依怙之人心裡的不安和愁苦。小時候有一次他被其他孩子欺負毆打後，在大雨中哭著跑回家，全身都濕透了。那天晚上，他裹著一身濕衣服，凍得發抖，哀傷地想起慈愛的父親這麼早就離開了，覺得這世間眞是太痛苦了！他帶著滿腹委屈迷迷糊糊地睡去，半夢半醒之間卻看見金光燦燦的蓮師笑著來到他面前說：「不要悲傷，也不要厭惡這個世間，你長大後會幫助很多人，使他們得到眞正的利益。」法王醒來時，他的哀怨消失了。

幼年失怙的悲慼經歷反而讓他的內心更加寬厚仁慈，更加渴望給他人保護和幫助。他把自己當成一座無所不有的寶庫，別人需要什麼儘管拿去，取之不竭，用之不盡。做人就做到這樣有氣勢！

法王如意寶說學佛應該先學做人。人品是修行的基礎，沒有基礎，修行便像在空中蓋樓，不牢靠。

無著菩薩攝受弟子前只考察一條，就是看來者的人品是不是好。人品好，業障再重也收於門下；人品不好的，一律讓他回去先學會做人再來求佛法。

世間對於好人的評判標準有很多。藏王松贊干布曾頒佈過十六條在家人道德規範。這些規範在藏地深入人心，一千多年來一直是藏族人行為的準則。在藏族人的傳統裡，好人的根本歸結起來就是一點：心地善良。

善良可以說是學佛者最核心的人格。

現在社會上的人都希望自己聰明、能幹、果斷、有權勢、富有、瀟脫，卻並沒有很多人希望自己善良，因為善良的人都心軟，心太軟則容易受傷害。的確，沒人願意受苦、受傷害，但放眼看看周圍，我們會發現就算用鐵石心腸把自己武裝保護起來，也照樣免不了痛苦的侵襲。所以，佛教的修行者選擇開放，把一顆柔軟的心完全向外界開放，春日春風也好，冰刀霜劍也無妨。

朗日塘巴尊者在《修心八頌》中唱道：「我要把成功、喜悅、幸福送給你，把悲傷、損失留給我自己。」只要對方快樂，善良的人往往會主動去承受傷痛、失敗，總是那樣一派天眞和忠厚地替別人打算。

善良之心是一切世出世間功德的源頭。

從前噶當派的善知識見面問好，總是互相問：「你心裡善良嗎？」早上見面問：「昨夜在夢裡，你善良了嗎？」告別時說：「希望你保持善良之心！」有一次，阿底峽尊者手疼，他把手放到弟子仲敦巴的懷裡說：「請你給我加持一下這隻手吧，你有一顆善良的心。」

善良的人沒有傷害心，他（她）總會盡力避免給其他眾生造成痛苦。所謂不傷人，不傷物，廣泛地講，是不給其他眾生製造困惑、煩惱。一句話，如果會讓他人心生煩惱，寧肯不說；一個行爲，如果會讓他人陷入困惑，寧肯不做。

當然，這世上好心辦壞事的情況也時常發生。做任何事之前都應善加考慮，如果從善意出發盡心盡力去做了，結果還是不盡如人意，這份善心依然會積累福報。

其次，善良是對所有衆生懷一顆慈悲之心，希望他們離苦得樂。

別人做善事，則衷心稱讚隨喜。看見別人做壞事、走霉運、受苦，絕不會袖手旁觀、幸災樂禍，而是盡力去阻止、去幫忙，並眞心希望情況好起來。

仲敦巴的同門師兄弟布多巴，一生從來沒有對任何眾生起過瞋恨傷害之心。他逢人便說：

「希望你一切都好。」

善良之人不會一邊傷害旁生一邊講人間友愛，因爲他的仁愛之心是平等針對一切眾生的。我總記得法王如意寶只要看見有動物受苦或者被殺害，都會難過得流淚，都會盡全力去解救。受到法王的影響，他老人家的弟子無論走到哪裡都熱心於放生，把自由、安樂與無畏帶給被解救的眾生，把慈悲、溫暖與信心送給參與放生的人。

善良和正直總是相提並論。善良的人不一定聰明能幹，但肯定正直。他們也許看起來有點笨拙，不會討巧賣乖，可是他們心口如一，當面背後都一樣恭敬上師、道友，從不違背上師的教言。

世出世間，唯有善良的心地裡能開出安樂的花朵。

宗喀巴大師說過：「心地善良的人，今生來世都會過得安樂。」善良的人如果堅定而穩重，一旦開始修行，解脫便不遠了。

法王如意寶用他的言傳身教告訴我們：只要不捨內心的善良，我們每個人的一生都可以是個無盡藏。

3

母　親

闔家團圓從來不是我們心目中幸福的體現，我們最大的幸福是解脫，所以只要一家人都走在通向解脫的路上就滿足了。

我十四歲離家求學，從此沒有與家人生活在一起。

母親含辛茹苦把我們兄妹四人拉拔長大。一九九五年，她和我的姐姐，以及姐姐的兩個女兒在五明佛學院剃度出家。雖然同在學院，我們見面的機會卻少之又少。學院紀律嚴明，僧尼分住不同區域，不得互相串門走動，有事大家都到公共區域來說。後來安裝了電話，一般事情在電話裡就能說清楚，更沒有必要見面。

母親性情沉靜，少言寡語，向來不喜歡到處走動，有時間她倒更願意坐在家裡念經咒。姐姐和外甥女們平時忙於聽法、做功課，除非我這邊有東西要交給她們，需要她們跑一趟公共區域來取，否則她們不會輕易打電話給我；就是見我，也是和學院其他人一樣偶爾在經堂等處見一面。

儘管如此，我們一家人的感情還是很深。藏族人在某些方面熱烈奔放，家庭成員之間在感情的表達上卻非常含蓄。雖然彼此在心裡信任、支持，言語上卻不會有多少表示。闔家團圓從來不是我們心目中幸福的體現，我們最大的幸福是解脫，所以只要一家人都走在通向解脫的路上就滿足了。

母親患有嚴重的關節炎，一到冬天爲寒冷潮濕所迫，幾乎無法走路。在條件比較艱苦的學院，她生活上的不便可想而知。雖然我常勸她去其他地方過冬，她卻執拗著不肯離開學院。在高原上生活了一輩子，她喜歡、習慣這裡稀薄冰涼的空氣、遼闊澄清的藍天和簡單的人際關係。她非常講究禮數，在意其他人的感受，總要把身邊的每一個人都照顧到了才安心。這種脾氣到了人多嘴雜、個人空間狹小的地方，的確是很受累。所以如果她冬天堅持留在冰天雪地的藏地，我也不會勉強她改變主意。

今年，我把母親、姐姐等人接到扎西持林，這使我們一家有了難得的一次團聚。晴暖的日子裡，我們會在附近的溫泉邊生火煮茶，一邊享受陽光一邊聊天，談起以前家裡的各種事情和故去或健在的親朋好友。這種時候，我好像又回到了童年。

那時我們總是在搬家，有時住山上，有時住容擦河邊。無論走到哪裡，我都不斷在製造麻煩。前幾天在扎西持林養老院講課時，坐在下面聽法的人，但凡是措阿鄉來的且和我年齡相差不大的，一問之下，沒有一個當年沒吃過我的拳頭或讓我吃過拳頭的。即便是那些年紀比我大許多，我這個頑童根本招惹不上也招惹不起的人，也大多數被我的惡作劇耍弄過。

我從小是闖禍專家，母親爲此生了不少氣。她最慣常做的就是等我回家，一把揪住我的耳朵打屁股。我一邊求饒，一邊虛張聲勢地號叫，七扭八扭就掙脫了母親，一溜煙跑掉了。

家裡四個孩子中，我是最不讓人放心的。母親很少帶我出去串門子，因爲怕我調皮闖禍丟了她的臉。如果親戚們來家裡做客，母親總要在招呼客人的同時留一隻眼睛在我身上，生怕一下沒看牢，我又做出什麼令她難堪的事。

想來當年母親眞是被我折騰得夠了！我後來長年在外求學，不再像小時候整天給她找麻煩，卻讓她流了不知多少思念和牽掛的眼淚。

母親不善言談，她所有的情感都包括在她碧清的大眼睛和羞澀的笑容裡。直到現在，她一笑起來還像小姑娘似的羞怯。一雙妙目卻是渾濁多了，貧窮、勞累、家庭、兒女，讓曾經美麗輕靈的少女變成如今老態龍鍾的模樣。

人到暮年，很脆弱也很關鍵，因爲這時距離來世那樣近。牛羊生下來幾天就能自己走路，獨立生活，而人不同，從呱呱墜地到長大成人，十幾年裡全靠父母養育。等我們有能力在生活中獨當一面的時候，父母親大都垂垂老矣，有的竟自撒手而去。

我感激母親，不僅因爲她給了我生命，撫養我長大，而且她平安地活到現在，使我這個做兒子的有機會照顧她晚年的生活，讓她衣食無憂，安心修行。

很多人卻沒有我這樣幸運。曾有一位年輕的喇嘛與道友相約一起去印度學習佛法，兩人手頭所有錢財加起來不足一千元，於是他們決定走到印度去。臨行前，這位喇嘛的母親病倒了，他只好留在家鄉等母親康復後再出發。沒想到，這一等就是十四年。

十四年後，患病的母親去世，他才踏上去印度金剛座的朝聖之旅。在菩提迦耶佛陀成道的大菩提樹下，他完成了十萬個大禮拜。在他眾多的祈願中，有一個是請求佛菩薩保佑他家鄉的八十四歲老父親在他離家到印度學習的三年裡，平安健康，好好活著看到他回家。

「在這古老而神聖的地方，我的心卻時常惆悵；只因爹娘不在身旁，回吧回吧，回吧，回家鄉。」

從另一個角度說，他又是幸運的，讓我非常羨慕。藏族很多人都發願有生之年能到印度金剛座去朝拜，但最終完成心願的卻不多。像他這樣不僅親眼見到金剛座、親手觸摸菩提樹，而且還在曾經爲佛陀遮陰蔽日的同一片樹蔭下圓滿完成十萬大禮拜的人，是眞正有大福報的人！他已去世的母親、尚在世的父親、揮淚爲他送行的全村人，以及所有隨喜他、幫助過他的人，都將因他的善行而獲得利益。

作爲一個比較開明的佛教徒，我並不排斥其他的價値觀和信仰體系。如果條件允許，我願意增加對它們的了解，但我四十幾年的人生經歷和發生在我周圍的人身上的故事，都讓我確信：釋迦牟尼佛宣講的妙法能帶給人們今生的安樂和來世的解脫。

釋迦牟尼佛的生母摩耶夫人死後轉生到忉利天，那裡仙山雲海，極盡美好，人壽長久，受用豐足，世間孝子希望父母享用的一切，那裡無不具足。

釋迦牟尼佛成道後，特意升到忉利天，爲母親和那裡的天人演說解脫輪迴的法門，因爲天界再好終不離輪迴，輪迴即無明，無明便有痛苦。讓母親從此擺脫痛苦，唯一的方法就是幫助她解脫輪迴，這也是報答母恩最好的方式。

有人認爲釋迦牟尼佛是從一介凡夫透過修行而最終徹底覺悟的。也有些人認爲他其實早已成佛，只是待到機緣成熟，在西元前六世紀降生人間，爲眾生示現如何透過系統而有效的修行獲得覺悟，並幫助其他眾生走向解脫。

我們持第二種觀點，認爲佛陀的一生就是爲了啓發我們、供我們學習、模仿而進行的演示。儘管我們還沒有像佛陀那樣徹底覺悟，但仍然可以幫助父母、家人了解解脫之道，盡己所能爲他們的修行創造助緣。

人與人之間的緣分，對於大乘修行人，無論善緣惡緣，到眼跟前都是同證菩提的緣！

4

人人是我師

我相信我身邊的很多喇嘛、居士、弟子都是佛菩薩的化身，他們慈悲地示現人間，幫助我完成我的修行和心願。

那天清早睡醒，感覺窗外的晨光異常明亮，起來一看，果然是下雪了。扎西持林今年冬天少雨雪，我還暗自惋惜。有一位弟子專程上山想拍一些雪景照片，誰知卻一直連雪的影子也沒見到。

聽達端著一盆燒好的木炭進來，準備把屋裡隔夜的火盆暖上。他彷彿知道我的心事一般，連連歡喜地說：「下雪了！」

聽達是個勤快的人，眼裡手裡總是有活兒。不論多冷的天都是一大早就起身，院裡院外地忙碌。這不天剛亮，他已經把劈好的柴火送到每間住了人的屋子門口。

聽達和我從小就認識。我在札熙寺學習時，他還只是個不到十歲的小不點兒，機靈可愛，每天夾在一群大孩子中間尖著小嗓子有模有樣地唱經，下了課總是他第一個衝出去，迫不及待地玩耍。他不是那種老實聽話的小孩，但很細心，似乎天生就懂得如何照顧別人。屋子裡稍顯凌亂的話，他若看見，就會情不自禁地在蹦蹦跳跳間收拾乾淨了。有時我都懷疑他自己並沒意識到是在歸整房間，那不過是他遊戲的一種方式而已。

我們十幾歲同在根容堪布那裡學習，後來又一起到了喇榮五明佛學院。很多年裡，他一直是我真誠而慷慨的學友，在物質上幫助我，在學業上相互鼓勵。我年長他幾歲，又比較善於學習，他於是把我當成課外輔導員，聞思中遇到疑難總來問我，漸漸地我真成了他的老師。說實話，直到現在我仍然覺得在很多方面不是我教他，而是我該向他學。

每次回到扎西持林，看到這裡井然有序且不斷發展，我都由衷地感激幫助我料理各項事務的聽達、丹增尼瑪和達森。沒有他們的辛勤勞作和無私奉獻，扎西持林不會是今天的模樣。

聽達和丹增尼瑪都是難得稀有的修行人，近十幾年來爲了扎西持林，他們幾乎傾盡全力，我常暗自歎息，恐怕千頭萬緒的雜務耽誤了他們修行。然而，他們用行動打消了我的顧慮。白天忙裡忙外，沒有大段時間修行，念珠卻是從不離手，心咒念得綿綿密密，流水不斷，晚上則經常是通宵達旦用功。丹增尼瑪從二〇〇四年至今已經圓滿念誦了一億遍本尊心咒，前段日子他高興地對我說，希望能再念一億遍。爲了實現這個願望，他要求自己每天都念十萬遍心咒。他的精進鼓舞著周圍的人，包括我。當我在修行中有所懈怠時，丹增尼瑪都會是策勵我發奮的榜樣。

聽達和丹增尼瑪告訴我，等扎西持林建設好了，他們就去閉關，把全部時間都用來修行。我不知道自己是怎樣修來的福報，能結識他們這樣忠厚的好人，並得到他們的信任和幫助。

扎西持林養老院建成後，附近很多孤寡老人住進這裡。聽達、丹增尼瑪和達森堪布又添了一項工作：照顧老人的生活起居。

每次聽達他們開車去縣城，總要幫老人們買回許多東西，吃的用的一應俱全。達森堪布除了教育培養年輕喇嘛外，現在每天還爲聚集在養老院的居士講課，帶領他們守八關齋戒、修五加行。有的老人已經七、八十歲了，仍然拖著行動不便的身體堅持大禮拜、修加行，著實令人感動、欽佩！

每天天不亮，達森堪布便帶著年輕喇嘛們開始供水、供燈、誦經。等一般人起床時，他們已經把早課做完了。

扎西持林的水源與經堂間頗有一段距離，小喇嘛需要來回汲水才能把每天要供的幾百只水碗盛滿。像現在這樣天寒地凍的日子裡，取水是一件苦差事，而小喇嘛每天都做得歡歡喜喜、盡心盡力。

以前他們起得還要早些，年輕人貪睡，達森堪布常常是披星戴月挨個敲開他們的房門，把他們從香甜的夢中喚醒。後來我建議大家早上多睡一會兒，有幾個年紀小點兒的仍然需要堪布叫他們起床。

我有時也去經堂和他們一起做早課，我的加入總會令他們興奮不已。比起同齡人，他們要穩重、矜持得多，但長明燈的光影中那一張張純淨年輕的臉上掩蓋不住的羞澀笑容，我能讀懂。我小時候也是這樣，在上師面前總是莫名興奮，很想把自己最好的一面表現出來讓上師歡喜，卻又羞怯得手足無措，就只好笑了。

扎西持林這些年輕人大都出身貧寒，從小嘗過生活的艱辛，也就格外珍惜如今學習的機會。他們的憧憬和夢想，他們的快樂、熱情和對生活的知足感恩，都曾經在我年輕的心中充盈激盪過，我理解他們。

看見那一群朝氣蓬勃的身影，我不由得欽佩和感動。是他們時時在提醒我，用勤奮和天眞的熱情去擁抱每一天，毫不吝惜地去表達自己對生活、對一切生命的感激。

小喇嘛眞正的老師是達森堪布。但凡到過扎西持林的人，都會感歎這裡的小喇嘛多麼清淨莊嚴。那一派細緻溫和、謙卑又貴重的氣度皆來自達森堪布的薰陶教導。我無法想像，如果沒有達森堪布，這些年輕人會長成什麼樣。

爐膛裡的樹枝燒得劈啪作響，愈發襯出外面世界的寂靜。雪花紛紛揚揚無聲飄落。扎西持林的冬天本很少見到來訪的漢族居士，嚴寒是個不小的考驗。今年這裡不僅來了漢族客人，而且他們修行起來比一般藏族人更精進、熱情。

有兩位虔誠的漢族居士發願在農曆新年第一天，用大禮拜的方式向諸佛菩薩行法供養。他們的誠心一定感動了天人，到這一天，天界的鮮花撒下來了，落到人間化成漫山遍野晶瑩的雪花。一片白茫茫中，我看見兩個大禮拜的身影，一前一後繞山而行，我的眼淚湧上來。論精進，我差他們太遠。

說起做人的慷慨寬厚，很多弟子的表現也讓我自歎弗如。有一位弟子出生在貧窮的農村家庭，六歲時母親就去世了。父親怕孩子們受委屈，沒有再娶，含辛茹苦獨力撫養幾個兒女。這位弟子是家裡的老么，母親過早離世使他的內心比一般人更加憂傷和不安。少人疼愛的他就這樣在孤獨中慢慢長大，嘗盡生活的艱辛和人情的冷暖。

我剛認識他時，他三十幾歲。憑第一印象，我以爲他是享受蔭下之福，從來一帆風順，怎麼也想不到一個從小失落母愛、經歷如此坎坷的人會那樣豁達厚道，待人一團歡喜熱情。

有一次他不慎把手提包遺失在外面，包包裡有幾萬元現金、剛辦下來的美國簽證和一些重要證件。第二天有人在路邊撿到他的手提包，現金沒有了，其他物品還在。這位好心人便按包裡名片上的電話找到他的朋友，而後找到他。他喜出望外，非贈送人家幾萬元不能表達他的謝意。

後來他跟我提起這件事，說撿到別人遺失的物品，即使不起貪心想據爲己有，一般人也不會費那個精神幾經輾轉尋找失主。事不關己，置之不理，也是無可厚非的，所以當那位好心人找到他時，他特別感動。他也很感激第一個撿到包包的人，雖然那人把錢拿走了，但證件等絲毫未動，說明他並不想存心害人。

這位弟子就是這樣，無論什麼情況下都在念別人的好。也許他因爲從小沒有得到過多少關愛，人家一點點好意就珍惜、感激，念念不忘。

很多人喜歡放大別人的缺點、過失，總覺得自己受到不公平的待遇；也有一些人，就像這位居士，善於放大別人的優點、恩德，彷彿他一輩子活在蜜罐裡，甜美得連自己都感覺受之有愧，總想把幸福分出去。去年（二〇〇八年）四川地震，他悄悄捐了很多錢，若不是我問，恐怕除了他自己，誰也不會知道他的善舉。

我相信我身邊的很多喇嘛、居士、弟子都是佛菩薩的化身，他們慈悲地示現人間，來幫助我完成我的修行和心願。

第五部

生命的依怙

真正化解痛苦與危機的方法就是斷除損害眾生的惡業，行持自利利他的善業。作為佛弟子，不論能力大小，都可以做利益有情的事業，這其中最直接的方式就是放生。

1
回憶上師

教我認識無常的上師們，現在大都與我無常相隔，我只能在記憶中找尋他們的音容笑貌。

凝視恩師法王如意寶晉美彭措

最近一段日子，我一邊調理身體，一邊重溫、整理自己收藏的法王如意寶講課的錄音。很多都是年代久遠的錄音帶，有的已經二十多年了。

錄音機裡傳來法王如意寶的聲音，他的慈悲、博學、幽默、自在，他的一切，像一股活潑的溫泉水充盈、溫暖著我的心。

依止法王如意寶二十多個春秋，一幕幕往事如在眼前。我是那麼渴望親近法王如意寶，但是每一次眞正到他老人家跟前，我卻緊張得手足無措，連頭也不敢抬。我常想，如果我當年不是那麼拘謹，也許能在更多世出世間的問題上得到法王如意寶的指教。不過，也沒有什麼可遺憾的，眞誠的恭敬心使我得到了法王如意寶全部的加持，與諸佛無二無別的加持。對一個修行人來說，這就夠了。

今天早晨我聽到的錄音是一九八八年十二月二十五日法王如意寶朝拜桑耶寺，觸景生情憶起前世而唱出的一段歌：

美麗的鄔金剎土，空行環繞的壇城中央，
端坐著我的上師，
我生生世世心之所向。
此刻銅色吉祥山上有福的眾生，
正聽您唱美妙的解脫之歌啊，
無福的我卻只能留在這末法世界
獨自悲傷。
當年就在這桑耶寺的二樓，
您開金口傳授通向解脫的法門。
您的弟子降魔金剛何等英武榮光，

全不似我這風燭殘年的狼狽模樣。
慈悲的蓮師啊，
您必不忍心捨棄我吧，
沒有您我還有誰可指望？
現在的桑耶已換了格局，
而我依然記得您當時法座的位置。
在這曾留下您笑容的地方，
我的回憶充滿憂傷。
齊聚於此的君臣弟子，
及如繁星的持明大眾，
唯有智慧佛母和我降魔金剛
最在您的心尖上。
唉！
誰曾想我會淪落至此，
求您眷顧莫離莫棄

我這無福無能的兒郎。
眾生無邊誓願度，
是我曾在您面前許下的諾言。
再苦再難我也不會退縮，
請您原諒我剛才的抱怨。
從今往後，
我將披上文殊勇士的鎧甲，
弘法利生，
圓滿蓮師您的心願。
有緣眾生皆往您的刹土，
共受蓮師不共法門的無上甘露。
求您加持我奮勇向前。

這首短歌，法王如意寶是帶著淚唱完的，中間幾處哽咽，泣不成聲，錄音機裡只聽見旁邊弟子的欷歔聲。

我的雙眼不知何時也被淚水模糊了。法王如意寶每當講起自己的上師，回憶與上師在一起的時光，總是這樣動情。我們這些弟子，沒有一次不跟著他老人家哭的。

在法王如意寶爲救度有情而慈悲應化的無數次轉世中，他示現了各種不同形象。對此，他很少宣說，只有提到上師功德時，他才偶爾透露自己前世的情況。

法王如意寶對米龐仁波切具有不共的信心。雖然兩位聖者生活的年代沒有重疊，他們的前世卻有著親近的因緣。眾所周知，米龐仁波切是文殊菩薩的化身。

一九九七年，法王如意寶到桂林治病，回憶起自己前世曾爲善財童子，遵從文殊菩薩的教誨，參拜了一百一十幾位善知識，其中就來到安樂源即現在的桂林參拜過，而當時拜見善知識的地點正是這次治病的臨時住所所在地。後來，無著菩薩在雞足山苦行時，法王的前世大悲鎧甲又曾與文殊菩薩化現的智慧鎧甲一同前往拜見無著菩薩。

法王如意寶轉生爲格薩爾王的大臣丹增葉吾布美時，他的父親丹瑪正是米龐仁波切的前世。丹瑪是印度八十位大成就者之一薩繞哈的轉世，是格薩爾王最得力的助手，聲名地位僅次於格薩爾王本人。

透過法王如意寶的回憶，我們知道：**每一段清淨無染的師徒傳承都源於殊勝無比的累世因緣。**

法王如意寶在我們面前提到最多的是他的根本上師托嘎如意寶。他常說在江瑪佛學院依止托嘎如意寶的六年，即從十八歲到二十四歲，是他一生中最快樂的日子。托嘎如意寶圓寂後，他不得不返回家鄉色達，從此對上師無盡的思念便一直陪伴他忙碌的傳法生涯。

如今，我的上師們也都逐漸離我而去了，我只能在記憶中找尋他們的音容笑貌。

我的第一位上師是才旺晉美堪布，我的名字便是他取的。小時候我很調皮，成天不在家，卻在外玩耍，不斷給家人製造麻煩，四里八鄉的人都知道我有多「能耐」。可是有那麼一天我突然不想再「野」了，便找到家鄉有名的才旺晉美堪布，求他教我讀書認字。

世俗的技能學問我沒興趣，只對學習佛法充滿熱情。如果說我也算個有點善根的孩子的話，那麼要感謝才旺晉美堪布在艱難環境中的呵護引導，我那小小的善根才得以生長發芽。十幾年後，同樣是在才旺晉美堪布的教導下，我初步了解到大圓滿法。

我在哥寧活佛座下學習佛法的時候，據活佛說，我與他有著宿世親近的因緣，所以才會在十四歲那年不顧一切地去札熙寺找他。哥寧活佛像對待親生兒子一樣對我，使我這個沒有父親的孩子也享受到溫暖深厚的父愛。他教我佛法，供我衣食，帶我上山挖草藥，讓我靠在他身邊打盹。我總忘不了冬天火爐旁，我坐在他腳邊，聽他不停地吟唱經文，大茶的香味彌漫整個房間。然而，這樣溫馨的日子只維持了不到兩年。哥寧活佛圓寂後，我失去了佛法修行的導師和生活的保障，十六歲的我不得不離開札熙寺四處遊學。

在甘孜扎闊，我依止根容堪布，聽受了《普賢上師言教》和《入行論》。我是所有學生當中最窮的一個，沒有一件像樣的衣服，也吃不上一頓飽飯，可是我依然很快樂。根容堪布常常從自己並不寬裕的供給中省出一些給我。他知道我除了學法外，其他的事都不上心，便囑咐同學們多關照我，爲大家燒水煮茶之類的雜活，我沒做好也別怪我。

一年後根容堪布授課結束，我又啓程去佐欽熙日森，在眾多大善知識座下聽聞佛法。那一時期，我的健康狀況由於長期營養不良和用功過度而急劇惡化。若不是特諾堪布慈悲地爲我治療，貧病交迫的我險些死在異鄉。生活上，貝瑪才旺堪布也給了我很多的照顧和指點。正是由於他的推薦，我才見到根本上師法王如意寶，從此我這個漂泊的人在喇榮有了一個家。

法王如意寶是我一切慈悲、智慧的源泉。我慶幸自己從二十一歲到四十二歲這段人生最年富力強的時光，是在法王身邊度過的。在法王的悉心教導下，我逐步走向成熟。

此時此刻，我更能眞切地感受到自己少許的出離心、菩提心，一分一秒的善念善行全部來自法王的加持。只要一想到他老人家，我的眼裡便充滿了溫柔而憂傷的淚水。

法王如意寶的寬廣深厚令每一個見到他的人都心生敬畏。他老人家總把手放在我頭上，一邊長久地、輕柔地撫摸，一邊跟我開玩笑。他知道我心裡有多麼誠惶誠恐，所以用這種親昵柔和的方式安慰鼓勵我。每次法王摸我的頭，都能讓我高興好幾天。那時別說這樣與上師親近了，就連夢見一次法王如意寶也會連續幾天高興不已。如今沒有人再摸著我的頭打趣了，我也只能在夢裡見到法王如意寶。

教我認識無常的上師們，現在大都與我無常相隔。

雖然我是個凡夫，想不起前世的事情，但這一生我有幸遇到的每一位上師，他們的恩德，我都銘記在心。

我深深地感激和思念著他們！

希阿榮博
二〇〇八年八月口述
弟子記錄整理

2

囑　託

二〇〇九年七月，希阿榮博堪布率眾弟子重訪札熙寺舊址，這是堪布自一九九八年寺廟搬遷以來第一次故地重遊。歲月如水流逝，往事如在目前。堪布感慨良多，寫下此文。

一

藏地的七月，氣候宜人，正是遠足的好時節，道路兩旁、草甸上隨處可見興致勃勃、結伴出遊的人。

便是在這樣的季節，一個晴好的日子裡，我們重訪札熙寺舊址。說故地重遊，其實只是對我和少數幾個人而言，同行大多數人都是第一次去那裡。

沿途路面坑窪不平，我們走走停停，行進緩慢。這樣也好，日頭正高，風日正好，放慢腳步，放鬆心情。這條路，從容擦村到老札熙寺，我走過無數次，但從來沒有像這次有這麼多人同行。

第一次離開家去札熙寺拜見哥哥寧活佛，是在三十三年前，崎嶇的山路上只有我和一位回寺廟去的老喇嘛。母親特意向鄰居借了一匹馬給我騎。我不知道她這樣做是因為心疼我，怕我走路太辛苦，還是想讓我快點到達目的地，或者，她只是以這種方式表達一位母親對遠行兒子的祝福吧。我那時不懂得體念母親的心意，光顧著高興，一路上與老喇嘛說說笑笑，別人快馬加鞭幾小時能走完的路，我們倆溜溜達達，且行且玩，從日出走到日落。

對我來說，這次去札熙寺，機會來之不易。我向母親請求了兩年，她終於同意我去拜見哥哥寧活佛。我們家族與札熙寺沒有太大淵源，祖上都是以格魯派的寺廟為供養敬事的福田。那些年，全村人、全鄉人都忙著放牧、砍樹、開會、學習，我們有很久很久沒去過任何寺廟。像我這一輩的孩子，不要說經書、佛像、僧侶、活佛，連見過念珠、轉經筒的都不多。

十二歲的我，偶然聽人說起哥寧活佛，便生出強烈的願望，矢志不渝地要去拜見他，這的確有些不尋常。我後來想，這主要還是因爲藏人有福報吧：就算生在佛法衰微的年代，不聞三寶之聲，等長大了，沒有人教，還是知道要去找尋佛法。

沿川藏公路北行，過新札熙寺約三、四公里，路西出現一片空闊的谷地，一條河由山谷深處奔流而出。一七九〇年，大圓滿修行者晉美才旺卻珠仁波切便在這依山傍水之處，修建起最初的札熙寺，迎請四方學者、成就者來此講經弘法、閉關修行。一八六二年前後，寺廟由於戰亂整體搬遷，只留下一堵土牆供後人去瞻仰，去想像寺廟初建時的景況和第一代札熙寺人的生活。

在寺廟發源的地方，大家決定支起帳篷，駐留一天。

這次與我同行的有一百多人，大多數是札熙寺佛學院的僧侶。兩天前，佛學院經過嚴格考察，選拔出了四位堪布、四位喇嘛和二十位輔導老師。對於一個成立僅六年的年輕佛學院來說，取得這樣的成績著實令人鼓舞。寺廟上下喜氣洋洋，僧人們都很興奮，甚至整個玉隆闊地區無論男女老幼都像過年一樣歡喜，大家奔相走告：「我們又有自己的堪布了！」

很多藏族人雖不識字，卻有著一般世俗文化教育難以造就的見地和胸襟。他們懂得尊重知識，尊重有學問之人，並且眞心實意地欣賞讚歎別人的成就。他們思想單純，少欲知足，物質上只求溫飽，卻熱愛精神修持，一生最大的願望就是解脫，一切眾生都能解脫。凡是有利於眾生解脫的事都令他們雀躍歡喜。

解脫，即遠離輪迴的煩惱痛苦，關鍵在於謹愼取捨因果。取捨、因果，並不抽象。我們日常的行住坐臥、言談舉動無不是因果，無不在取捨。只是我們若無正知正見，取捨便往往顚倒過來，該取的捨，該捨的取，希求快樂卻選擇苦因，由此形成惡性循環，在痛苦中越陷越深。

所謂正知正見，是指能幫助我們了斷痛苦煩惱的知識、見地。依這種見地，我們將調整自己對世界、人生的態度和爲人處世的方式，從狹隘、僵硬、矛盾重重到寬闊、溫柔、和諧圓融，從不傷害自己、他人及一切眾生，到幫助、利樂一切眾生，從痛苦到安樂，從輪迴到解脫。

在藏地，傳播這種知識和見地靠的是一代代佛教學者和修行者。正是由於他們的存在和努力，佛陀的智慧傳承才得以完好保存並不斷弘揚。

藏族人，無論是在高原的哪個角落居住、遊牧，無論貧富賢愚，都能得到佛法的滋養、加持，所以，藏地民眾是眞心敬重、擁護他們的僧寶。本鄉本土出了堪布、格西，一方百姓都會覺得臉上有光、榮幸備至。

這幾年，我時常考慮不再介入札熙寺的運行、管理。過去，對我恩重如山的幾位上師曾囑託我：有能力時一定要幫助振興札熙寺。我想我沒有辜負上師們的期望，十幾年間，盡己所能地幫助恢復了寺廟的各項制度和傳統，重建大經堂及附屬建築，並創建了佛學院。雖然我對札熙寺懷有深厚的感情，無論現在還是將來都會一如既往地幫助、支援它的發展，但根據藏地傳統的做法，應該由本寺的活佛和堪布對寺廟進行管理。

札熙寺在經過系列重建後，各方面逐步走上正軌，佛法的講修事業日益興盛，是讓寺廟自己的活佛、住持、堪布、管家獨立管理的時候了。

玉隆闊很多百姓知道我的想法後，哭著求我：「請不要不管我們的寺廟！」我不知該如何讓他們明白：我不是甩手不管了，人活在世間要盡忠盡義。寺廟振興是完成了前人的囑託，而寺廟如何持續發展下去，對同輩、對後人，我也應該有所交代。我在重建札熙寺的同時，所做的另一件事就是幫助那裡的活佛、堪布樹立威信並積累管理經驗。我自覺身體、精力一年不如一年，他們若能把管理寺廟的重任擔負起來，我也就放心了。

今年六月，札熙寺舉行法會期間，我正式宣佈今後寺廟及佛學院的內外事務將完全由這裡的活佛、堪布管理，我不再參與，但仍會盡力幫助解決僧人們在生活上的困難和問題，好讓他們安心修行。

我從小家境貧寒，靠上師和道友的接濟才完成學業，深知無衣無食對在外求學的人來說是多麼大的困擾。不論將來情況如何變化，我都希望札熙寺僧眾不會因生活所迫而中斷學業，也不必為求溫飽而四處化緣。

當初札熙寺遷址，新寺廟建築施工因資金短缺而時常中斷，即使這樣，我也沒有開許以修廟的名義化緣。不是我恢復寺廟的願望不強烈，札熙寺幾代上師、僧眾的心願眼看就可以實現了，我心裡比誰都迫切。

但寺廟存在的目的是為了護持佛法、引導眾生，在如今這樣的年代，即使為修廟而化緣也可能引起人們的猜疑、甚至誹謗，這對佛法、對眾生都是不利的。作為佛陀的弟子，我們在任何時候都不能忘記護持佛法、護持眾生。

一座寺廟，哪怕有再多的金頂、再華麗的經堂，如果沒有佛法的聞思修行，沒有戒律清淨的僧侶，就不是弘法利生的莊嚴道場。

法會上，為了讓札熙寺和佛學院依依不捨的僧人們放心，我為全體兩百多位僧侶舉行了金剛薩埵大圓滿灌頂。這是他們第一次獲得這個珍貴的大圓滿灌頂。從此直至證得無上菩提，我們師徒道友將永不分離。

玉隆闊百姓的心情我也理解，對他們——我的福田，我當然不會捨離。

這讓我想起索南日登喇嘛。他一生精進樂觀，無欲無求，唯有對札熙寺異常「執著」。老喇嘛冒著生命危險搶救佛像的事蹟，大家應該早已熟悉。困難時期，他忍饑挨餓，非到萬不得已不捨得吃一口糌粑，為的是要用省下的糌粑粉去換回別人手裡札熙寺流失的佛像和法器。

八〇年代，札熙寺修復，他比誰都歡喜，把自己捨生忘死保存下來的佛像等物品全部歸還了寺廟。他多麼希望能在有生之年看到札熙寺重現昔日的興盛景象。可是直到九〇年代中末期，寺廟仍然很簡陋蕭條，濕氣的嚴重侵擾使正常的居住都成了問題，札熙寺不得不再次搬遷。

那時，索南日登喇嘛因風濕病行動不便，被我接到扎西持林居住。他人雖在扎西持林，但我知道他的心沒有一天離開過札熙寺。寺廟搬遷重建需要大量物力財力，老喇嘛跟在我身邊，總想找機會替札熙寺化點緣，只是礙於我不得化緣的禁令，才不敢向人開口。

有一次札熙寺僧眾來我房間商量事情，老喇嘛也在座，離開時，他隨眾人退到門外又單獨折回來，抱著我的手痛哭：「您一定要幫幫札熙寺！幫幫札熙寺！」

如今，老人家早已離世。他如果健在的話，看到札熙寺恢宏的經堂、莊嚴的佛學院和數以百計的學僧，不知會開心成什麼樣。

二

次日，我們收起帳篷，逆水而上復行十幾公里，到達札熙寺第一次搬遷後的所在地。

寺廟在這裡存續了一百三十六年。此處三條河水交匯，四面青山圍繞，幽靜秀美，遠離塵囂。人在山谷中，望天，碧空如洗，望山，層巒疊嶂。近處芳草如茵，遠山綠得發藍，青山外面雪山綿延。

風物依舊，看山看水、翻山越嶺的人又回到三十三年前。同樣是這條山路、這片山谷。黃昏時分，我終於到達札熙寺。荒廢多年後的寺廟破敗不堪，只有哥寧活佛的小屋孤獨地立在一堆廢墟旁。在渴望見到他而無法見面的兩年裡，我曾在心裡反覆想像過活佛的模樣：或騰雲駕霧、叱吒風雲，或珠寶嚴飾、渾身放光。反正一個孩童所能憧憬的所有英雄形象，我都一一投射在哥寧活佛身上。

那天，我第一次見到仰慕已久的活佛。他坐在那裡，溫和地微笑著，頭頂沒有放光，但絕對是我所見過最俊美莊嚴的人物。

哥寧活佛多年來以病殘的形象示人。正因爲如此，他才得以在艱難動盪的年代裡持續閉關修行，並一直堅守在札熙寺旁。其實那時寺廟已經沒有了，經堂被毀，人員四散，但就算殘垣斷壁他也要堅守、也要等待，否則很多人會找不到回寺廟的路。

像我這樣獨自闖去拜師求學的孩子應該很少吧。哥寧活佛慷慨地收留了我，供我衣食，教我佛法。當時一些僧人聚集在札熙寺附近傳講佛法，舉行法事活動。我在聽受哥寧活佛教誨的同時，有幸加入他們的行列，這使我此生第一次過上了理想中在寺院聞思修行的生活。

我初見哥寧活佛那天，緣起殊勝，活佛圓滿完成了一段長期的閉關修行。當日正好出關，札熙寺得知消息的幾位上師都趕回寺廟舉行薈供，其中一位便是多吉秋炯仁波切，哥寧活佛特意請他為剛到的我進行長壽佛灌頂。

我的第一位金剛上師多吉秋炯仁波切一生的經歷富有傳奇色彩。他出生於新龍地區，早年不信因果，做過獵人，屠宰過犛牛。三十幾歲始覺因果不虛，對自己過去的行為深生懺悔，發願從此改頭換面、重新做人。他在嘎陀寺聞法多年，又在多吉扎等寂靜處閉關修行四十餘載，專修光明大圓滿。

仁波切生活簡單至極，除了收取少量糌粑以維持生命外，從不收受信眾其他的供養。就是這一點糌粑，他也一定要等自己再沒有任何東西可吃的時候才收取，所以每次恰巧能供養他糌粑的人都會成為周圍信眾羨慕的對象。他離群索居，常去山坡上為羊群念經說法，久而久之，人們便把經常聽他講法的那些羊稱為「多吉秋炯的羊」了。

仁波切比哥寧活佛年長三十多歲，兩人卻相交莫逆、情誼深厚。當年正是因為折服於哥寧活佛的學識和性格魅力，仁波切才決定追隨活佛守護札熙寺，弘法利生。

一九七九年，哥寧活佛四十二歲英年早逝，多吉秋炯仁波切痛不欲生。他說：「本以為我會走在活佛前面。這麼好的人，這麼年輕就走了！眾生的福報太淺啊！現在我留在這個世界上已經沒有太大意義了。」不久，仁波切也示現圓寂。

他一生修持光明大圓滿的成就，這時才向世人顯露：由於法體縮小，他戴的五佛冠從頭上滑落到肩部又滑落到腰間，最後仁波切比普通人都更加高大魁梧的身體縮小到一尺左右。在場的人還聽到天樂，看見光團、彩虹等瑞相。法體荼毗後出現大量吉祥舍利。

上師用他一生的經歷向我們宣示了無上大圓滿法不可思議的功德和力量，哪怕是一介凡夫，哪怕罪孽深重，只要對密法和上師具足信心，勵力懺悔，精進修持，就一定可以成就、解脫。

我到札熙寺後依然頑皮，雖然有哥寧活佛祖護，還是時不時受到寺廟管家的訓斥。因為經堂被毀，法事活動只能將就在寺廟的廚房裡舉行，參加的人稍多一點就顯得擁擠不堪。我年齡小、資歷淺，凡舉行活動都由我來當小卻本，負責擺放、拋撒食子、供品。開法會用的長號等法器擺在地上，按理說我每次出來進去都應該繞道而行，但由於擁擠，也由於懶惰和調皮，我有時會端著盤子從上面跨過去，管家看見總要把我教訓一頓。

開法會時，招福彩箭通常也由我來拿。可有幾次，法會開到中途，該彩箭上場了，卻怎麼也找不到彩箭。原來我扛著彩箭偷跑出去玩耍，走得太遠，玩得太高興，竟把法會的事給忘了。

我一方面貪玩調皮，常做出讓管家搖頭的事，另一方面卻又好學上進，不但聞思佛法積極，對相關活動的儀式、程序和技藝也很感興趣。記得我初到札熙寺，看見寺裡的小活佛和小扎巴聚在廚房裡，有的念經，有的吹號，有的敲鼓，人人都有技藝在身，心裡非常羨慕。那時我覺得自己是天底下最悲慘的人了，什麼都不會。我決心努力學習，要像其他小扎巴一樣，法會上十八般技藝樣樣精通。

赤誠嘉參堪布非常喜歡我。他出身貴族家庭，性情淡定，對世俗生活毫無興趣。堪布一生歷經坎坷，受盡不公平待遇，卻永遠是那樣溫文爾雅、謙卑柔和。據他說，多舛的命運恰是他解脫的最大助緣，因爲面對打擊、折磨，他沒有一天放棄過修持菩提心。

有一次他帶我去附近村裡一戶人家超度亡靈。亡者的屍體橫在屋子中央，本來不大的房間就更加轉不開身了。我仍然是負責拋撒食子，進進出出都得繞著走。後來我終於忍不住，故伎重演，趁無人注意，捧著食子從亡者身上跳了過去。赤誠嘉參堪布看見了卻沒有批評我，過了一會兒才把我叫到一邊，指著亡者小聲對我說：「阿布，恭敬一點吧，他也是出家人呢。」

堪布是個快樂的人，出外傳法帶上我，最愛給我表演變戲法的遊戲，每次都要從他的嘎物盒裡「變」出一件加持品作爲禮物送給我。

根本上師多吉秋炯仁波切圓寂，對堪布來說是巨大的打擊。原本體弱的他一病不起，很快也追隨上師而去。

短短幾年間，我的三位恩師相繼離世，帶著無限的遺憾離開了人間。他們沒有等到札熙寺恢復的那一天。

哥寧活佛圓寂時不到四十三歲，赤誠嘉參堪布四十七歲，都是正當壯年，而我印象中他們卻都是老喇嘛了。不知是因為我那時年紀太小，看誰都覺得老，還是他們的一生遭受了太多苦難和折磨，所以過早地衰老、辭世。

失去導師，失去依怙，苦難讓我迅速成熟起來。直到這時我才開始明白為什麼赤誠嘉參堪布每次講到上師功德、眾生痛苦等內容時，都會痛哭流涕。上師的眼淚終於流進我那顆頑劣的心裡，從此我的心裡也有了淚。

離開札熙寺後，我到甘孜扎闊跟隨根容堪布學習《入菩薩行論》和《普賢上師言教》。堪布在札熙寺獲得學位並一直致力於為寺廟培養僧才，寺廟解散後，他才到扎闊。他很器重我，對我的法恩極大。後來我去佐欽熙日森和喇榮五明佛學院繼續求學，堪布則回到札熙寺，繼哥寧活佛之後，承擔起護持寺廟的核心重任。在根容堪布的帶領下，札熙寺終於開始恢復、重建。

堪布一面主持寺廟建築的修復，一面督促回歸的僧團精進聞思，並傾盡全力為僧眾修行提供助緣。在他不足十平方公尺的住所內，常年有五、六位僧人在他的指導下共修五加行。他吃住全包，免去了修行者的後顧之憂。

我在外求學期間，每次回家鄉都必回札熙寺看望上師和道友，其中最主要的就是見根容堪布。我知道上師們在世間的停留有多麼短暫，每一次見面的機會都無比珍貴。然而，分別還是來臨了。

札熙寺修復工作開始不到兩年，根容堪布積勞成疾，示現圓寂。臨終前，他派人到五明佛學院，請我務必回去見他一面。我沒有想到這麼快又一位上師要離我而去。匆匆趕到上師身邊，他讓我握住他消瘦的手，對我說：「不論你將來走到哪裡，都不要忘記札熙寺，一定要盡力幫助札熙寺。」

根容堪布圓寂是在一九八五年。至此，札熙寺德高望重的老一代活佛、堪布全部圓寂了。一時間，沒有人再有足夠的威信把整個寺廟凝聚起來。

那時我二十三歲，正在喇榮五明佛學院跟隨大恩根本上師法王如意寶學習。我從來沒有忘記札熙寺的恩師們，但我既非活佛又非堪布，只是一個普通的出家人，我不知道怎樣以及何時才能幫助了卻他們的心願。

年輕的我心滿意足地跟隨在法王如意寶身邊聞思修行，無憂無慮，那是我一生最快樂的時光。我常想：我們是多麼不幸，無數珍寶般的上師過早地離世，如流星劃過夜空，我們只能遺憾地看那璀璨光芒隱沒的痕跡。然而我們又是幸運的，至少法王如意寶留下來了。因爲他老人家在，我這個四處找尋佛法的遊子才停止了漂泊。

很多年後，我突然明白一個道理：哥寧活佛、根容堪布之所以把寺廟振興的希望寄託在我身上，是因爲我將遇見並依止法王如意寶，憑藉法王如意寶不可思議的福德力，札熙寺將得以復興。

法王是眾生的如意寶。憑藉他不可思議的福德力，雪域高原無數寺廟、經院得以復興，無數新道場得以建立。他老人家一直關心著札熙寺，並透過我對寺廟的發展給予指導和建議。

一九八五年，札熙寺部分僧侶響應法王如意寶的號召，對寺廟進行整頓。

其實，爲了保持僧團的清淨無染，自佛陀時代開始就不斷對僧團進行過整頓，兩千餘年來一直堅持這一傳統，將來也仍會繼續。即使如此，這次整頓還是引發了一些紛爭，擁護整頓的人備受打擊。

法王如意寶曾叮囑我：對於那些在最艱難的時刻給予我們支持的人，永遠不要忘記他們的情義。

經過近十年的反覆、曲折，札熙寺終於圓滿完成整頓，寺內外面貌一新，處處井然有序，僧團戒律清淨。人們到這時才完全體會到法王如意寶力排眾議、推進整頓的良苦用心，無論僧侶還是在家信眾都對法王如意寶生起了堅定的信心。

他老人家觀察到在這種情形之下，我回玉隆闊地區弘法利生的機緣已經成熟，於是命我回家鄉修建道場，教化民眾，利益眾生，並對札熙寺的發展鼎力相助，以報答他們患難與共的一份情義。

一九九四年春，法王如意寶在多康地區二十幾個州縣弘法期間，不辭辛苦專程到札熙寺，爲那裡的僧侶和周邊信眾傳講佛法。當時法王如意寶的聲望如日中天，他蒞臨的每一處道場都成爲藏地民眾虔敬頂戴之處。任何一座寺廟若能迎請到法王如意寶，都會感到無比的榮耀。法王如意寶的駕臨無疑是對札熙寺的重要護持。

一九九八年，札熙寺因所在地地表沉陷而遷往新址。寺廟大經堂竣工時，法王如意寶特賜名「吉祥顯密興盛洲」，祝福並授記了札熙寺日後的興盛。

佛法的弘揚不僅需要寺廟、道場這樣的物質載體（媒介），更需要系統聞思、通達三藏、持戒精嚴的僧才。在札熙寺經堂重建的同時，我提出建立佛學院的設想，得到法王如意寶的極力贊成。他說：「建設佛學院，不僅有利於札熙寺的長遠發展，而且有利於培養、輸送人才，弘揚佛法，普利天下。」

二〇〇三年，札熙寺佛學院落成，法王如意寶非常歡喜，對其將來的發展寄予厚望，在鄭重觀察緣起後，爲佛學院命名「圓滿尊勝洲」。

如今，札熙寺及其佛學院的規模和影響力超過了歷史上的任何時期。如果沒有法王如意寶的支持，札熙寺不會有今天。如果哥寧活佛、根容堪布，還有其他的上師們活到今天，他們一定會欣慰的。

今天，我又站在了老札熙寺的殘垣斷壁前，一如我十四歲那年。

當時還堅持屹立在廢墟旁的哥寧活佛的小屋和寺廟的廚房，如今已不在了。根容堪布修復、法王如意寶講法的經堂也不在了。多吉秋炯仁波切的木屋只剩下搖搖欲墜的框架。上師們都已離去。老一輩人幾乎走光了。我也從札熙寺最年輕的扎巴之一，變成了札熙寺的老喇嘛。

桑煙嫋嫋升起。圓滿尊勝洲佛學院的年輕僧侶們供起了護法。祈願違緣盡除，佛法廣弘，一切眾生悉得解脫。

似水流年中，一代代人老去，一代代年輕人又回來，爲了同一個囑託和心願：護持佛法，護持眾生。

希阿榮博

二〇〇九年九月九日完成

放生時念誦經咒

3
放生問答

頂禮大慈大悲觀世音菩薩！

頂禮大恩上師法王如意寶！

我們是平等的

問：為什麼信仰佛教的許多人拿很多錢去放生，而很少看到他們拿錢去幫助那些現世的人呢？真的希望你們能有更多的公益活動，幫助那些偏遠山區的孩子，還有患病的孩子。我想現世人的疾苦也應是信佛之人所關注的吧？

答：說明眾生的方式有很多種，佛菩薩救護眾生的方式是我們無法想像的。寂天菩薩在《入菩薩行論》中說到：「路人無怙依，願為彼引導，並作渡者舟，船筏與橋樑。求島即成島，欲燈化為燈，覓床變作床，凡需僕從者，我願成彼僕。」

佛教徒心懷一切眾生的疾苦，對六道眾生具有平等的慈悲心。假使你有這樣的印象，認為佛教徒只放生動物，不幫助人，可能是由於你對佛教徒的瞭解還不夠多。其實社會上各行各業都有佛教徒在以個人的身份、以個人的名義或團體的名義在積極幫助他人、奉獻愛心，建立孤兒學校、養老院、扶貧醫院，從事各種公益活動。在災難到來時，也總有大量佛教徒在前線與後方無私無畏地救援，慷慨地捐贈。他們做這些事的時候，往往都是默默無聞的，很少曝光，更不會刻意去宣揚自己佛教徒的身份。而且，除了物質上的幫助外，很多佛教徒還在精神上給需要的人以說明，讓孤獨的感到被關心，讓空虛的感到充實，讓絕望的重新生起希望，讓迷茫的逐漸找到生活的方向。

問：把放生的錢拿去救濟賑災，不是比較實際嗎？

答：一般的情況是要專款專用，放生的錢就用來放生，不要挪作他用。至於個人手裡的錢，是發心用來放生，還是發心用來做其它善事，這就看自己的意樂了。如果有條件，兩頭都能顧上，自然是最好。如果財力有限，那麼就隨緣吧，碰上什麼就做什麼，但求問心無愧，盡心盡力。

問：每個人都戒殺放生，將來這個世界上動物會不會太多，成爲禽獸世界？

答：萬物的生存各有因果業緣，共業別業各不相同，所以不會出現你說的那種情況。

問：提到放生，很多人都不屑一顧，爲什麼？

答：社會上的確有一些人不理解佛教的放生行爲，也許他們還沒有認識到生命之間是息息相通的，他們也低估了自己身上善的潛力。

最近一次我們在唐山附近放生，參加的人很多都不是佛教徒，有些人以前從來沒有放過生，他們說平時看見餐桌上的螃蟹從來不覺得可憐，但是那天看見一箱箱螃蟹被五花大綁，想起這種動物長了那麼多腿卻一輩子被捆綁著寸步難行，它們就這樣被綁著長大，被綁著活活蒸熟，到死都動彈不得。想到這些，大家都非常難過，仔細把所有螃蟹身上的繩子都解開後再把它們放歸大海。那天，我們在甲板上頂著烈日爲螃蟹鬆綁，花了很長時間，有些人的手也劃破了，但是沒有人不耐煩。看見魚蟹們終於在海水中自由遨遊，大家很開心，包括第一次參加放生的人都驚訝地發現自己內心無法抑制地生起慈悲和喜悅。所以我總認爲對放生有成見的人應該親自參加一重播生活動，再去判斷放生這件事是否有意義。

也有一些佛教徒對放生沒有太大熱情，認爲這個很初級，聰明的佛教徒應該去研究空性等高級法門。其實空性慧與大悲心是無二無別的，修行人不可能在缺乏大悲心的情況下證悟空性，而放生是培養大悲心的好方法。

最珍惜的莫過於生命

問：什麼是放生？

答：放生，顧名思義，就是從屠刀下、牢籠中把動物解救出來，讓它們活下去，還它們以自由。不管你是不是佛教徒，也不管你有沒有宗教信仰，你都可以放生。

對一位大乘佛教徒來說，因爲他關注的不僅是幫助其他生命遠離眼前的危險，他還希望眾生能夠從根本上擺脫死亡和痛苦，所以他不滿足於單純地把魚蝦放游江海、讓飛鳥回歸山林，他要充分利用放生的寶貴機會，通過佛教的放生儀軌，使被放的生命與佛法結上緣，在它們的相續中播下未來解脫的種子，這樣，這些生命便能得到暫時和究竟的利益。

問：放生的意義是什麼？

答：從被放生者的角度說，它暫時遠離了死亡的恐懼和痛苦，如果是按照佛教儀軌放生，則能聽聞到佛菩薩的名號、心咒、佛陀的教法，接觸到甘露水甚至繫解脫，並由此因緣在未來究竟解脫一切痛苦。

從放生者的角度說，我們通過如理如法的放生培養菩提心，迅速積累福德和智慧資糧。同時，積極放生也是在創造善知識長久住世的殊勝緣起。

問：我發心放生，應該如何做？

答：可以用少量的錢隨時看到需要救度的有情隨時放生，也可以籌夠一定金額後一次多放一些。

問：很多信衆喜歡在佛菩薩誕日、吉祥日放生，這樣好嗎？

答：這樣很好，其他時候也好，但是一定要觀察自己的發心，如果是爲了執著功德，就意義不大了，如果發心是爲了使衆生在殊勝日得到更多的利益就很好。

問：同樣的錢，我們怎麼樣更合理地用於放生？

答：不存在合理不合理的問題，只要是發心清淨、盡己所能去放生就好。不要抱著功利的心態去上供下施。比如花兩千塊錢放生一頭犛牛好呢，還是花同樣多的錢放生一百條魚好呢？是放這種魚好呢還是放那種魚好？這個眞的很難說，關鍵看發心，要把幫助衆生解脫痛苦放在第一位。其實你在這樣比較權衡的時候，你關心的已經不純粹是犛牛或魚的福祉，你還很在意放生活動是否能在最大限度上滿足你的目的，比如，完成承諾的放生數量或者獲得更大的功德。

放生時一味追求數量，棄大捨貴、擇小選賤是不可取的。慈悲心、菩提心的首要層面是平等，如果只放個頭小、價格便宜的動物而故意避開那些大的、貴的，或者只挑好存活、生命力強的動物，就不平等了，很難圓滿四無量心、菩提心的修持。

總之，放生時最好不要帶著揀擇的心事先想好要買何品種，應當遇見什麼，就買什麼放生。如果放生規模較大，難以臨時去市場遇見什麼買什麼，而要事先訂購，則應該儘量確保所買的是將被送往市場、供人宰殺食用的動物。

問：放生時因條件所限，能否請別人替我放生？

答：如果發心清淨，眞心隨喜，出錢請別人代為放生與自己親自放生，功德應該是一樣的，這麼做也是如法的。不過，條件允許的話最好還是儘量親自放生，身語意三門圓滿之善業具有極大的利益，所以不可輕易忽視。

問：有人說，放了一種生命，以後就不可以吃了，是這樣的嗎？

答：吃素很好，希望大家有條件的話都儘量吃素。吃素主要是出於慈悲，放生也是出於慈悲，兩者都是因爲慈悲。不能說：不吃某種動物的肉是因爲放生過這種動物。也不能說：放生某種動物是因爲不吃這種動物的肉。無論放沒放過生，都應該儘量不吃肉。

那怕救度一個生命，也是有意義的

問：衆生如河沙一樣多，我們放生的只是其中小小的一部分，能有多大意義呢？

答：首先，哪怕只能幫助一個生命減少痛苦，我們的努力都不會白費，都有意義。

解救有情的生命需要具備因緣。佛陀雖然圓滿具足十力四無畏，也只能度化有因緣的眾生，就像陽光雖遍照世界，而盲者卻看不見一樣。放生也是這樣，即使你富如帝釋天，也不可能買下所有的生命來放生。眾生無邊誓願度，重要的是我們有這個發心，然後盡自己的能力去幫助眾生。

問：母魚肚子裡的魚子有沒有生命？

答：生命的誕生需要有神識的加入。母魚肚子裡的魚子，有些是有生命的，有些沒有，但我們普通人很難辨別。放生魚子時應該也放生了很多生命，而破壞它們可能也損害到了生命，會有很大罪過。《地藏菩薩本願經》上記載光目女的母親特別喜歡吃魚子、鱉蛋之類的東西，最後墮落惡道受報。

問：我們放生的時候經常會多照顧一些大肚子的魚媽媽，這樣會不會是分別心？

答：是分別心，但是這種分別心非常有意義。對越是痛苦的眾生，佛菩薩的悲心越是深切。

問：如果動物放生以後，活不了很久，要不要放？

答：在經過細緻的觀察後，還是放了好。因爲我們找不到一個完全不死的地方，重要的是先使它們遠離死亡的怖畏，其他的事再儘量做到。此外，放生不僅是對有情的無畏佈施，使他們脫離暫時的死亡恐懼與痛苦，更重要的是對有情的法佈施，在他們的相續中種下解脫的種子，使他們未來一定能解脫輪迴的痛苦。

問：放生的動物，有些已經嚴重受傷，放了也未必可活，何必浪費金錢？

答：有這種想法是因爲沒有眞正平等地看待眾生。如果說我們的親人受傷、生病，我們一定不會眼睜睜看著他們受苦、等死。我們會盡全力去救他們，哪怕能延長一天生命也好。大乘佛子應該把對親友的這份慈悲逐步擴展到所有眾生身上。

我們的問題是沒有認眞把放生當作一個修行的過程，而只是把它看作一種宗教的、集體的活動，所以才會產生這樣那樣的疑問。如果我們眞的用心去做，去修心，很多問題都不成爲問題。

問：有的動物在放生過程中死掉了，怎麼辦？

答：很多問題的答案都可以歸結到發心上。發心對修行至關重要，它不僅決定了修行的結果，也在很大程度上影響著我們的見解和修行途徑。如果我們的發心是爲了眾生遠離痛苦並最終究竟成佛，那麼我們在行善、在修行中的疑問會少很多。

因爲工具、因緣及種種不利因素，儘管你已經盡心盡力，有的動物還是在放生過程中死掉了，有人擔心這樣會造下殺業，要承受殺生的果報。因果的問題極其複雜，唯有佛陀能明瞭一個行爲的全部因果。我們只知道，若具足殺生的四個分支，即有明確的殺生物件，有殺生意圖，採取殺生的行動，造成死亡的結果，當事人將完整感受殺生的果報。大家可以根據這四條去判斷一下自己的行爲。

我們若是以三殊勝來攝持放生善行的話，就會知道這些中途死亡的動物將和其它放生的動物一樣，由於我們的發心和迴向，與佛法結上殊勝的緣分，得到三寶的加持和未來解脫的利益。有些善根比較大的動物會在聽聞到佛號或接觸繫解脫、甘露水後，很快投生善趣。所以，有些動物不幸中途死亡，我們與其無理地自責、懊悔，不如爲它們念誦經咒，把放生的功德迴向給它們，祈願它們早生善趣或淨土。

動物的生命力有強有弱，比如說魚，有些魚能夠承受比較遠途的運輸顛簸，氧氣不足也不會馬上死，而有些魚則不太容易存活，儘管如此，我們還是應該平等地解救它們，不能心存好惡取捨。我們的發心不是減少它們的痛苦嗎？大家想一想，一條魚，即使不幸死在放生過程中，它所承受的痛苦也遠遠小於留在菜市場活活被人剝皮抽筋、挖心掏肺的痛苦。更何況，它們還受到法佈施，結下未來解脫的因緣。

問：放生後的動物吃掉了其它動物，這是我們的過失嗎？

答：這樣的情況可能發生，但是如果救某人以後此人再造惡業，我們就不救人了嗎？我們發心解救生命是沒有過失的，至於每一個有情，各自有各自的因緣業報。因果不虛。

當然，我們在放生前，應該儘量對放生場所進行考察，瞭解那裡現有物種的情況，避免把它們的天敵放生過來。

問：對市場上的那些人工飼養的畜禽，怎麼放生？

答：可以大家集資建立放生池或動物歡喜園，或者拜託可靠的人餵養這些畜禽直到它們自然死亡。像每年秋冬之交大肆屠宰犛牛的時節，我們都會在屠宰廠買下很多犛牛，爲它們念誦經咒，用甘露水、繫解脫等加持，然後運送到藏地託付給誠實可靠的牧民飼養。

盡己所能

問：我們放生購買動物時，與商販打交道應該注意什麼？

答：儘量不要提前向商販明確表示或暗示將要買生放生，這樣他們就無法通知親朋好友帶上捕撈工具事先趕往放生地點，等待放生活動結束後捕殺魚蟹等。

問：怎樣觀察選擇好的放生環境？

答：要儘量找安全的地方放生，儘量避免放生動物再度遭到捕殺。比如，不要故意把魚類放進魚塘、漁場，這種地方是專門養殖魚蝦供人捕殺的，我們把動物放進去，它們很快又會被撈上來送進菜場、餐館。前幾天我碰巧遇到幾名美國佛教徒拎著幾袋剛從市場買來的魚準備在一家飯店大堂的水池裡放生，飯店的保安馬上過來阻止，我不知道美國的情況，但根據我的經驗，在成都即使保安不阻止，那些魚放進水池也很快就會被人撈上來吃掉。後來我們開車把這幾位好心人帶到一條河邊，幫助他們順利地放生了魚兒。

我們還應該觀察物種生存的環境，比如故意將野兔置於人多的地方，水鳥放於山地，魚兒放入被污染無法生存的河流水域等是很不如法的。

放生的環境最好適合念誦和舉行放生儀軌。前面我們講了，放生過程中，法佈施至關重要。如果放生儀軌念誦時間較長，那麼不必等到儀軌全部念完再開始放。參加的人員可以分工，一部分人念誦儀軌，一部分人邊念佛號、心咒（如果熟悉儀軌的，可背誦儀軌）邊放生，兩部分同時進行。

問：勸殺生的人轉行，卻害了人家生計，愛畜生不愛人，似乎不合情理？

答：殺生並不是一種體面輕鬆的職業。如果你去過屠宰場或者市場的水產畜禽區，你一定會對那裡的殘酷血腥、骯髒惡臭留下深刻印象，在那裡站上一會兒，你大概都會受不了。想想那些以殺生爲業的人，他們可是成年累月在那種環境裡生活。他們忍受如此的折磨，目的卻是爲了不停地造惡，而造惡的果報是更慘烈的痛苦。這是一個令人痛心的惡性循環。勸人擺脫這種惡性循環，不是很好嗎？不做殺生的職業，對今世和來世都有利益。

問：遇到捕殺放生動物的人，怎麼辦？

答：放生時遇到這樣的人，應該以善言相勸，不要對他們生起嗔恨，他們是因爲不懂因果取捨的道理而造殺業，實際上他們更可憐。

解脫的種子

問：放生一定要按照儀軌來進行嗎？

答：佛教中放生的儀軌很多且各不相同，但概括起來都不離三殊勝。行持一切善法要以三殊勝來攝持，這樣行善的功德才能日日增上、直至成佛永不滅失。三殊勝指的是加行發心殊勝、正行無緣殊勝、後行迴向殊勝。

具體就放生而言，爲了一切眾生遠離苦因及苦果，並且最終證得無上正等覺、究竟成佛而放生，是加行發心殊勝。

正行無緣殊勝指放生時善根不被外緣毀壞。不被外緣毀壞，必須證悟基大中觀、道大手印、果大圓滿。對初學者來說，要做到這一點太難了。如果放生時，將放生者、被放者以及放生的過程等本性觀想爲空，顯現如夢如幻，能生起這樣的見解，也可代表初學者的正行無緣。如果暫時做不到這樣，也要在放生時儘量放下執著，心不外散。比如說，念佛號、心咒的時候，不要嘴裡念，心裡卻在想別的，柴米油鹽、人我是非。總之，要時刻提起正念，專心向法。後行迴向殊勝，就是放生結束後，將所有功德迴向給六道輪迴一切眾生，這能使善根與日俱增，無以窮盡。

問：放生爲什麼要授皈依及念佛號、心咒？

答：我們放生時應該發大悲心，爲被放的動物念誦皈依儀軌、佛號、心咒，希望它們此生命終後不再墮入三惡道，並在未來值遇佛法，最終獲得解脫。

《具義索經》云：「聞此觀音咒藏之有情者，若於旁生耳邊誦此咒者，彼等解脫惡趣後，必將往生西方極樂世界。」

《蓮花冠續》云：「僅僅一誦一作意或身一觸『嗡嘛呢悲美吽』，亦能清淨五無間罪、近五無間罪等一切罪障，從八無暇、三惡道中解脫後，不再受身語意三業的痛苦，並從野獸、羅刹等一切非人及一切疾病畏懼中解脫，親見由證悟法身後所顯現之色身聖尊。」

問：爲了趕時間，我經常一邊提著放生的動物飛奔，一邊念儀軌，而袋子都沒打開，我很擔心它們聽不到，怎麼辦？

答：最好讓被放的眾生聽到念誦的聲音，這樣它們能得到聽聞佛號、心咒的功德。但是無論被放眾生能否聽到念誦聲，我們如理迴向，它們都會得到利益。

問：放生用的甘露丸我們需要特別注意來源是否清淨嗎？

答：需要注意。不是所有的甘露丸都有益。有些甘露丸可能會來源不清淨，比如本身是假的甘露丸，或者眞正的甘露丸在經過犯密乘戒者的手後也會成爲不清淨的，所以用甘露丸一定要注意。吃下不清淨的甘露丸會對解脫產生障礙。放生時如果不清楚甘露丸的來源，就不喂甘露丸，念誦儀軌或用繫解脫加持就可以了。

問：對菜市場上一些將要被宰殺的動物，我們在無法救度的情況下施以甘露水有意義嗎？

答：很好，有很大的功德，隨喜這樣的行爲。最好在這樣做的同時，爲這些動物念誦佛菩薩的名號和心咒。

問：有的上師在帶領弟子放生時將繫解脫擱放在所放生命的頭上加持，這樣有什麼意義？

答：將繫解脫擱放在所放生命的頭上加持十分重要。凡是繫解脫接觸的那些生命，很快就能解脫。這也是佛度化眾生不可思議的一種方便。

問：佛既然有繫解脫這樣的方便，那為什麼不用這種方便來度一切眾生呢？

答：續部上說，只有一些有大福德特殊因緣的眾生，才能遇到這樣的法，不是所有眾生都有此福德。

共修放生

問：小乘與大乘在放生方面是否有區別？

答：阿底峽尊者說過，大小乘以發心別。小乘修行人深深體會到輪迴的痛苦，他最大的願望就是從這種痛苦中擺脫出去，永斷生死，入於涅槃。他所有的行為都是圍繞這個目的展開。小乘修行人不是沒有慈悲心，不是不關心其他生命的疾苦，只是他的慈悲心還沒有深廣到為了眾生離苦得樂而不顧自己是否解脫的程度。大乘修行人雖然也深刻體會到輪迴的痛苦，也對這輪迴中的一切毫無眷戀，但是他希望一切眾生究竟成佛，而不是自己獨自解脫。大小乘在發心上的這種差別也反映在放生中。

問：集體共修放生的意義？

答：集體共修放生的功德不是由所有參加的人平分，而是每人都能得到全體的功德，這在經書裡是有記載的。比如大家共同放生一億條生命，凡是參加共修的人都能得到放生一億條生命的這份功德。這種善法本身就不可思議，若再加上如理如法地發心和迴向，功德就更不可思議，一定能夠讓我們迅速清淨業障、積累廣大資糧。

問：怎樣放生能具足六度？

答：大乘菩薩所有的行為可以歸攝為六度，而行持一種善法也可以同時具足六度。以放生為例：

第一，佈施。大乘菩薩的佈施有三種：無畏佈施、法佈施、財佈施。放生本身是無畏佈施；通過佛教的放生儀式讓有情得到佛法的薰染，使它們獲得暫時與究竟的利益，是法佈施；施財令有情離苦得樂，是財佈施。這三種佈施當中，法佈施是最為重要的。

第二，持戒。如法放生是讓有情獲得暫時和究竟的利益，這符合以利益眾生爲核心的大乘戒律。在運輸、放生過程中，儘量輕拿輕放，避免讓動物受傷或受到驚嚇等，與不傷害眾生的戒律相一致。

第三，忍辱。放生時會遇到一些違緣，比如你剛把魚放生，就有人拿著漁網、魚竿聞訊趕來捕撈，或者有人故意製造事端，阻止你放生，遇到這種情況不要生嗔恨心與人爭吵，而應該好言相勸並積極尋找解決辦法。很多時候，我們放生還需要忍受疲勞、饑餓、嚴寒酷暑等。這些都是忍辱。

第四，精進。精進是對修法生起歡喜心。對放生活動積極主動，充滿歡喜嚮往，就具備了精進度。

第五，禪定。在放生過程中無論是搬運動物還是其它勞作，無論是念誦、觀想、祈禱，還是修慈悲心、菩提心，始終認認眞眞，心不外散，這就具足了禪定。

第六，智慧。懂得放生的殊勝功德，這是一種智慧。再進一步，有三輪體空的見解以及證悟，就更是智慧。

吃素與放生

問：吃素與放生的關係是怎樣的？

答：吃素具備自他二利的功德。吃素不僅對自身有很大益處，還間接起到放生護生的作用，因爲吃肉的人少了，動物被宰殺供人食用的情況也就會相對減少。希望大家儘量吃素。

問：佛教徒吃素就是在護生，又何必那樣強調放生，是不是太執著於形式了？

答：前面說到，如理如法放生即是在行持六度。六度之外，加上發心和迴向，大乘佛教一切修持無出其外。

事相固然不必執著，然而無相非從相外求。初學者很難不執著，既如此，那就執著善業，有道是「已到岸人休戀筏，未會渡者要須船」，善業即是我們的船。

佛陀也說過：「以無我無人無眾生無壽者修一切善法，即得阿耨多羅三藐三菩提。」心無執著、無所罣礙地去修一切善行，即得圓滿菩提。

後記

寫作始終是很辛苦的一件事，更別提跨語系寫作了！

身爲藏傳佛教上師的希阿榮博堪布，因著多年前去五臺山的因緣，開始和內地弟子們接觸、談話，在這些時斷時續的交流中，堪布看到了我們劇烈的煩惱和痛苦，也看到了很多人對藏傳佛教的不了解，於是近年來透過菩提洲網站，寫下一篇篇開示。

因緣的確不可思議，今天的這本書就是那些開示的結集。

從第一篇文章開始在網路上流傳後，一個個眞實的故事也在展開，正如書名所寓意的那樣：

花，終於開始次第開放。

影視開示 QRcode

格薩爾王

橡樹林文化 ❖❖ 善知識系列 ❖❖ 書目

JB0111	中觀勝義諦	果煜法師◎著	500 元
JB0112	觀修藥師佛：祈請藥師佛，能解決你的困頓不安，感受身心療癒的奇蹟	堪千創古仁波切◎著	300 元
JB0113	與阿姜查共處的歲月	保羅．布里特◎著	300 元
JB0114	正念的四個練習	喜戒禪師◎著	300 元
JB0115	揭開身心的奧秘：阿毗達摩怎麼說？	善戒禪師◎著	420 元
JB0116	一行禪師講《阿彌陀經》	一行禪師◎著	260 元
JB0117	一生吉祥的三十八個祕訣	四明智廣◎著	350 元
JB0118	狂智	邱陽創巴仁波切◎著	380 元
JB0119	療癒身心的十種想——兼行「止禪」與「觀禪」的實用指引，醫治無明、洞見無常的妙方	德寶法師◎著	320 元
JB0120	覺醒的明光	堪祖蘇南給稱仁波切◎著	350 元
JB0121	大圓滿禪定休息論	大遍智　龍欽巴尊者◎著	320 元
JB0122X	正念的奇蹟	一行禪師◎著	300 元
JB0123	一行禪師　心如一畝田：唯識 50 頌	一行禪師◎著	360 元
JB0124X	一行禪師 你可以不生氣：佛陀的最佳情緒處方	一行禪師◎著	320 元
JB0125	三句擊要： 以三句口訣直指大圓滿見地、觀修與行持	巴珠仁波切◎著	300 元
JB0126	六妙門：禪修入門與進階	果煜法師◎著	400 元
JB0127	生死的幻覺	白瑪桑格仁波切◎著	380 元
JB0129	禪修心經——萬物顯現，卻不真實存在	堪祖蘇南給稱仁波切◎著	350 元
JB0130	頂果欽哲法王：《上師相應法》	頂果欽哲法王◎著	320 元
JB0131	大手印之心：噶舉傳承上師心要教授	堪千創古仁切波◎著	500 元
JB0132	平心靜氣：達賴喇嘛講《入菩薩行論》〈安忍品〉	達賴喇嘛◎著	380 元
JB0133	念住內觀：以直觀智解脫心	班迪達尊者◎著	380 元
JB0134	除障積福最強大之法——山淨煙供	堪祖蘇南給稱仁波切◎著	350 元
JB0135	撥雲見月：禪修與祖師悟道故事	確吉．尼瑪仁波切◎著	350 元
JB0136X	醫者慈悲心：對醫護者的佛法指引	確吉．尼瑪仁波切 大衛．施林醫生◎著	350 元
JB0137	中陰指引——修習四中陰法教的訣竅	確吉．尼瑪仁波切◎著	350 元

JB0138X	佛法的喜悅之道	確吉・尼瑪仁波切◎著	350 元
JB0139	當下了然智慧：無分別智禪修指南	確吉・尼瑪仁波切◎著	360 元
JB0140	生命的實相——以四法印契入金剛乘的本覺修持	確吉・尼瑪仁波切◎著	360 元
JB0141	邱陽創巴仁波切 當野馬遇見上師：修心與慈觀	邱陽創巴仁波切◎著	350 元
JB0142	在家居士修行之道——印光大師教言選講	四明智廣◎著	320 元
JB0143	光在，心自在 〈普門品〉陪您優雅穿渡生命窄門	釋悟因◎著	350 元
JB0144	剎那成佛口訣——三句擊要	堪祖蘇南給稱仁波切◎著	450 元
JB0145	進入香巴拉之門——時輪金剛與覺囊傳承	堪祖嘉培珞珠仁波切◎著	450 元
JB0146	（藏譯中）菩提道次第廣論： 抉擇空性見與止觀雙運篇	宗喀巴大師◎著	800 元
JB0147	業力覺醒：揪出我執和自我中心， 擺脫輪迴束縛的根源	圖丹・卻准◎著	420 元
JB0148	心經——超越的智慧	密格瑪策天喇嘛◎著	380 元
JB0149	一行禪師講《心經》	一行禪師◎著	320 元
JB0150	寂靜之聲——知念就是你的皈依	阿姜蘇美多◎著	500 元
JB0151	我真正的家，就在當下—— 一行禪師的生命故事與教導	一行禪師◎著	360 元
JB0152	達賴喇嘛講三主要道—— 宗喀巴大師的精華教授	達賴喇嘛◎著	360 元
JB0153	輪迴可有道理？—— 五十三篇菩提比丘的佛法教導	菩提比丘◎著	600 元
JB0154	一行禪師講《入出息念經》： 一呼一吸間，回到當下的自己	一行禪師◎著	350 元
JB0155	我心教言——敦珠法王的智慧心語	敦珠仁波切◎著	380 元
JB0156	朗然明性： 藏傳佛教大手印及大圓滿教法選集	蓮花生大士、伊喜・措嘉、 龍欽巴、密勒日巴、祖古・ 烏金仁波切等大師◎著	400 元
JB0157	跟著菩薩發願：〈普賢行願品〉淺釋	鄔金智美堪布◎著	400 元
JB0158	一行禪師　佛雨灑下—— 禪修《八大人覺經》《吉祥經》 《蛇喻經》《中道因緣經》	一行禪師◎著	380 元
JB0161	證悟瑰寶：佛陀與成就大師們的智慧較言	艾瑞克・貝瑪・昆桑◎英譯與彙編	500 元

善知識系列　JB0095X
次第花開

作　　者／希阿榮博堪布
責任編輯／陳芊卉
版面構成／歐陽碧智
封面設計／周家瑤
業　　務／顏宏紋
印　　刷／韋懋實業有限公司

發 行 人／何飛鵬
事業群總經理／謝至平
總 編 輯／張嘉芳
出　　版／橡樹林文化
城邦文化事業股份有限公司
115 台北市南港區昆陽街 16 號 4 樓
電話：(02)2500-0888ext2738　傳眞：(02)2500-1951
發　　行／英屬蓋曼群島家庭傳媒股份有限公司城邦分公司
115 台北市南港區昆陽街 16 號 8 樓
客服服務專線：(02)25007718；(02)25001991
24 小時傳眞專線：(02)25001990；(02)25001991
服務時間：週一至週五上午 09:30 ～ 12:00；下午 13:30 ～ 17:00
劃撥帳號：19863813；戶名：書虫股份有限公司
讀者服務信箱：service@readingclub.com.tw
香港發行所／城邦（香港）出版集團有限公司
香港九龍土瓜灣土瓜灣道 86 號順聯工業大廈 6 樓 A 室
電話：(852)25086231　傳眞：(852)25789337
E-mail：hkcite@biznetvigator.com
馬新發行所／城邦（馬新）出版集團【Cité (M) Sdn.Bhd. (458372 U)】
41, Jalan Radin Anum, Bandar Baru Sri Petaling,
57000 Kuala Lumpur, Malaysia.
電話：+6(03)-90563833　傳眞：+6(03)-90576622
Email：services@cite.my

初版一刷／ 2014 年 9 月
二版一刷／ 2024 年 7 月
ISBN ／ 978-626-7449-23-3（紙本書）
ISBN ／ 978-626-7449-22-6（EPUB）
定價／ 400 元

城邦讀書花園
www.cite.com.tw

國家圖書館出版品預行編目（CIP）資料

次第花開 / 希阿榮博堪布著 . -- 二版 . -- 臺北市：
橡樹林文化出版：英屬蓋曼群島商家庭傳媒股份有限公司城邦分公司發行 ,2024.07
面；　公分 . --（善知識系列；JB0095X）
ISBN 978-626-7449-23-3（平裝）

224.517　　113009144

填寫本書線上回函

ཡི་གེ་ཉི་ཤུ་རྩ་དྲུག་པ་འདི་དཔེ་ཆའི་ནང་དུ་བཞག་ན་དཔེ་ཆ་དེ་ཅི་འདྲར་
བགོམས་ཀྱང་ཉེས་པ་མི་འབྱུང་བར་འཇམ་དཔལ་རྩ་རྒྱུད་ལས་གསུངས་སོ། །

此咒置經書中　可滅誤跨之罪